JN408950

철쭉꽃 피면

철쭉꽃 피면

김준식 제2수필집

도서출판 천우

| 작가의 말 |

수확의 기쁨을 누리면서

수확이 끝나고 나면 들판은 텅 비었고 집 곳간은 곡식이 들어찼다. 평생 농부의 삶을 살았던 어머니는 태풍과 가뭄을 이겨내고 힘들게 수확한 곡식을 곳간에 넣은 후 뿌듯해 하셨다.

농부가 땀 흘리며 농작물을 가꾸는 심정으로 한 편, 두 편 써 온 글을 모아 제2수필집을 내었다. 1집 이후 6년 만이다. 시간에 구애받지 않고 천천히 글을 써 온 탓이다.

흩어져 있던 수필을 한 곳에 모으고 보니 비바람 맞으며 들판 이곳저곳 무질서하게 쌓아 둔 곡식을 수확하여 집의 곳간으로 옮긴 것 같아 개운하고 보람을 느낀다.

농부들의 발자국 따라 수확이 달라지듯 좋은 글을 쓰기 위해 나름대로 최선을 다했으나 항상 미흡하다는 생각이 든다.

틈틈이 써 온 글들은 내 인생의 지침서 역할을 했다. 지금까지 살아오면서 겪은 많은 시행착오에 대한 참회와 반성이 글을 쓰는 과정에서 이루어졌기 때문이다.

수필은 삶의 문학이다. 자신의 삶을 토대로 인생의 의미를 찾다 보면 자칫 싫증을 유발하기 쉽다. 그래서 수필 길이를 짧게 하고 가급적 불필요한 수식어는 줄이면서 진솔한 글을 쓰려고 노력했다. 평가는 내 권한 밖의 일이다.

내년이 산수라 '산수기념 수필집'이라는 이름을 붙일까 생각했으나 나이 자랑을 내세우는 것 같아 그냥 제2수필집으로 정했다.

이 책을 어머니 영전에 바치면서 수확의 기쁨을 함께 누리고 싶다.

2022년 3월

김종식

| 차례 |

제 I 장

산타의 전설

황혼의 여정

만산홍엽이 엊그제 같았는데 산책길에는 어느새 낙엽이 쌓였다. 가을이 깊어가는 모양이다. 풍성했던 나뭇잎이 하나 둘 떨어져 나가고 그 사이로 드러난 가지들이 외로워 보인다. 새봄에 태어난 잎은 신록의 계절을 거쳐 아름다운 단풍으로 탈바꿈한 후 찬바람이 불자 생을 마감하고 있다.

낙엽을 보고 인생의 덧없음을 한탄하는 사람이 있는가 하면 낙엽진 길을 걸으며 사색과 사랑, 낭만을 즐기는 사람도 있다. 떨어져 나뒹구는 낙엽을 보고 소멸과 탄생을 노래하기도 한다.

"쇠잔한 나의 신세 바람에 불려/이곳저곳 휘날리는 낙엽이련가."

프랑스의 상징파 시인 베를렌느는 스스로를 낙엽이라 했다.

황혼의 인생은 낙엽에 비유된다. 낙엽처럼 고독한 인생이라 말하기도 하고 낙엽과 같이 덧없는 인생이라 하기도 한다. 소명을 다하고 떨어지는 낙엽이 황혼의 여정과 흡사하다고 하여 그렇게 말했으리라.

인생은 한번 가면 되돌릴 길 없지만 낙엽은 부토(腐土)가 되고 이듬해 새 잎으로, 꽃과 열매로 다시 태어난다. 자연의 순리가 경이롭다.

노인은 산야에 외로이 핀 들꽃 같다는 생각이 든다. 자녀들은 결혼과 분가의 과정을 거쳐 자기들의 삶을 살게 되고, 늙은 부부는 함께 살다 한쪽이 세상을 뜨면 남은 한쪽은 들꽃처럼 외로운 존재로 전락한다. 병이라도 들면 혼자 살아가기 어렵다. 들꽃은 비바람, 눈보라에도 굴하지 않고 자연에 순응하면서 살아갈 수 있지만 병든 노인은 결국 요양원이라는 종착역에서 생을 마치는 경우가 많다.

황혼의 여정에서 나를 바라본다. 남은 생은 얼마나 되며 어떻게 살아갈 것인가. 해탈의 과정을 거치지 못한 내 영혼은 성숙해질 수 있을 것인지. 청운의 꿈을 안고 20대 초 고향을 떠나 타향에 정착한 지 반백 년. 되돌아보니 못 다한 일이 너무 많은 것 같다.

건강과 경제력을 상실하게 될 때 노인은 가장 불행하게 된다고 한다. 정작 노인을 더 불행하게 만드는 것은 '고독이라는 병'이다.

철학자 김형석 교수는 "사람들은 '고독이라는 병' 때문에 사랑을 하고, 음악을 만들기도 하지만 고독과 함께하는 노인은 이 병을 앓다 일생을 마치는 경우가 많다" 고 말한다.

인간은 고독해질 수 없는 존재로 태어나지만 가족, 친구, 일, 돈, 지위, 미래, 희망이 하나씩 빠져나가면서 '고독이라는 병'을 앓게 되고 궁극적으로 자살이나 고독사(孤獨死)에 이를 수 있다고 그는 지적한다.

의학의 발달로 오늘날 인간의 수명은 100세를 내다본다. 오래 산다고 기뻐할 일 만은 아니다.

하루살이 형제 중 하나가 무심코 휘두른 소의 꼬리에 맞아 죽었다. 하루살이 부모는 아들 장례식장에서 "청춘이 만 리 같은 놈이 느려 터진 소의 꼬리에 맞아 죽다니. 억울하다. 반나절은 더 살 수 있었는데…" 하며 애통해 했다는 일화가 있다.

하루살이에게 반나절은 긴 세월이라고 할 수 있지만 사람의 수명에 비하면 지극히 짧다. 사람의 수명도 우주의 생성 과정에 비하면 촌각에 불과하다. 의미 없는 삶을 길게 지탱하는 것보다 짧게 살더라도 보람 있는 삶이 중요하다는 생각이 든다.

1년이 안 되는 짧은 삶이지만 낙엽의 일생은 철저히 희생과 봉사로 점철된다. 초봄에 태어난 연약한 잎은 모체의 성장을 위해 끊임없이 수분을 실어 나르다 추워지면 엽록소(葉綠素)를 파괴하여 단풍으로 변하고, 겨울이 오기 전 땅으로 떨어져 낙엽이 된다. 모체인 나무의 생존을 돕기 위해 스스로를 내던지는 낙엽의 삶은 얼마나 숭고한가.

나는 어릴 때부터 바다를 바라보며 살기를 원했다. 지평선 너머 떠오르는 태양과 황금빛 노을, 밀려오는 파도와 함께 하면서….

바다를 오래 바라보면 우울해 진다는 아내 때문인지 산이 가까운 곳으로 이사 왔다. 산은 산대로 좋다. 물소리 새소리 바람소리가 좋고 바스락 소리 내며 반겨주는 낙엽이 좋다. 성장에 필요한 자양분이 되어 새 생명을 태어나게 하는 낙엽의 희생, 봉사, 사랑을 배우고 싶다.

흙

고향을 떠난 지 반백 년이 넘었지만 나는 한번도 고향을 잊은 적이 없다. 부모 형제들 모두 세상을 떠나 고향과의 연고는 없어졌지만 내 귀가 빠지고 탯줄이 묻힌 곳을 어찌 잊을 수 있으랴.

내가 태어난 곳은 밀양시 인근에 있는 신촌이라는 마을이다. 앞으로는 자그마한 냇물이 흐르고 뒤로는 구릉 같은 산을 지고 있는 곳이다. 논밭 가운데 터를 잡아 40여 호가 옹기종기 모여 대를 이어 농사를 짓고 살았다. 지금도 어릴 때 친구들과 어울려 강에서 미역 감고, 맨발로 보리밭 고랑을 뛰어다녔던 철부지 시절의 추억에 잠기곤 한다.

마을 주민들은 조상들이 물려준 논밭 뙈기를 일구며 어려운 삶을 살았다. 40~50년대는 관개수로가 제대로 갖추어져 있지 않았던 시기라 농사는 하늘에 의존할 수밖에 없었다. 비가 때맞추어 내리는 해는 풍년이 들었으나 가뭄이 심한 해는 흉년이 들어 농민들을 괴롭혔다. 흙은 모든 것을 주었지만 흙에서 모든 것을 잃어버리기도 했다.

당시 농촌은 7~8명의 대가족이 살아 식구들의 양식을 확보하는 것이 가장 큰 문제였고, 그 다음은 겨울 날 땔감을 마련하는 일이었다. 식구들은 한 톨이라도 식량을 더 확보하기 위해 농사에 매달리면서 틈만 나면 인근 산에 다니며 땔감을 구해 왔다.

부지깽이도 움직인다는 농번기에는 초등학생인 나도 소중한 일꾼의 역할을 했다. 모심기 철에는 볍씨의 싹을 틔워 한 뼘 정도 자라면 모내기 논으로 옮기는 이앙작업을 도왔고 고사리 손으로 모심기를 거들었다.

쟁기로 갈아엎은 논에 물을 채운 후 써레로 고르게 흙을 다듬어 주면 무논 위에는 온갖 곤충들이 모여 들었고, 제비들이 쏜살같이 날아와 곤충들을 채가는 모습은 모심기 철에 볼 수 있는 진풍경이었다.

품앗이 일꾼들은 길게 늘어서 못줄 잡이의 구령에 맞추어 모를 심었다. 논바닥의 흙은 가루분처럼 부드러워져 포만감을 안겨 주었고 농부들은 막걸리 한 사발에 신이 나 격양가를 불렀다. 두레는 예부터 농사일이나 길쌈 등 어려운 일을 함께하는 방식인데 농촌에서는 품앗이라는 이름으로 계승되어 농번기를 이겨내었다.

농민들에게 사계절 바쁘지 않은 철이 없지만 수확의 계절 가을은 더 바빴다. 씨 뿌리고 땀 흘리며 가꾸어 온 농작물을 거두어 들여야

하기 때문이다. 어머니는 먼동이 트는 이른 새벽에 식구들을 깨워 들판으로 향했다. 어린 나이에 찬바람을 맞으며 벼 수확을 거들던 그때의 기억이 지금도 생생하다.

추수가 끝나고 나면 제비들은 남쪽 나라 따뜻한 고장을 찾아 떠나고 텅 빈 들녘에는 수천 마리의 갈까마귀 떼가 비상하면서 겨울이 왔음을 알렸다. 하늘을 뒤덮으며 곡예비행을 하다 동구 앞 포구나무 숲에 내려앉는 갈까마귀 떼의 모습은 어린 눈에도 신기하게 보였다.

희수가 지난 늘그막에 연어가 회귀하는 심정으로 고향을 찾았다. 반겨 주는 사람 없는 낯선 고향마을 어귀에서 서성거렸다. 겨울이면 어김없이 찾아오는 갈까마귀 떼는 보이지 않고, 친구들과 자주 놀았던 포구나무 숲도 사라졌다. 마을 집들을 둘러보니 텅 비어있다. 간혹 집안에 있는 늙은이가 낯선 방문객을 의아한 듯 쳐다본다.

어릴 때 딱지치기 하며 뛰놀았던 골목길에 오가는 사람은 없고 찬바람만 휑하니 분다. 젊은이와 아기가 없는 곳. 농촌의 현주소다. 내가 알았던 사람들은 모두 어디로 갔는가.

흙에서 나오는 소출로는 대대로 내려오는 가난을 떨쳐버릴 수 없어 젊은이들은 흙을 버리고 농촌을 떠났다. 농사를 천직으로 알았던 사람들은 이제 전설속의 인물이 되었다. 사람 손으로 해오던 영농은 기계가 대신 맡아, 모 심으며 격양가를 부르던 농촌의 모습은 사라졌다. 근대화가 농촌의 풍속도를 바꾸어 놓은 것이다.

흙과 더불어 살아온 그때 그 시절을 생각하면 그리움이 밀려온다.

산타의 전설

산타 할아버지는 어릴 때 꿈과 희망의 상징이었다. 시골의 작은 마을에 살았던 나는 독실한 기독교 집안인 이웃집 친구 따라 먼 거리에 있는 예배당에 다니며 산타를 알았다. 크리스마스 전날 하얀 수염에 빨간 옷을 입고, 8마리의 순록이 끄는 썰매를 타고 다니며 착한 어린이들에게 선물을 전달한다는 산타의 전설은 나를 설레게 만들었다.

성탄절은 가장 기다려지는 어린이 명절이었다. 성탄 예배가 끝나면 우리는 집으로 가지 않고 할 일 없이 이곳저곳 시내를 돌아다녔다. 눈이라도 내리면 하얀 동화의 나라에 온 듯 우리들의 마음은 들떴다.

레코드 상점은 캐럴을 크게 틀어 한껏 분위기를 돋우었고 반짝반짝 빛나는 성탄 장식은 신비로웠다. 그때의 크리스마스는 나에게 또 다른 인생경험을 안겨 준 소중한 추억이 되었다.

크리스마스 선물을 받고 싶었던 어린 시절의 간절한 마음을 담아 손자에게 줄 선물을 마련했다.

"도윤아, 산타 할아버지가 굴뚝으로 들어와 선물을 놓고 갔어."

"할아버지, 아파트에는 굴뚝이 없어 산타가 들어올 수 없대요."

7세 손자는 산타의 존재를 믿지 않는 모양이다. 텍사스 대학교 연구소의 조사에 의하면 5세 아동 중 83%는 산타클로스를 진짜라고 믿고 있으나 8세 전후가 되면 산타는 존재하지 않는다고 생각한다는 것이다. 5세까지는 선천적으로 어른들의 말에 강한 믿음을 가지기 때문에 이러한 결과를 초래한다고 한다.

산타는 실존인물이다. 1700년 전 터키에서 태어난 니콜라스가 주인공이다. 그는 부유한 집안에서 태어났지만 상속받은 재산을 모두 기부하고 수도사가 되어 평생 가난한 사람을 도우며 살았다. 죽은 후 사람들은 그를 '성(ST) 니콜라스'라고 불렀는데 미국에서 산타클로스라 부르기 시작했다.

산타 할아버지의 존재는 오래전부터 어린이들의 관심거리였다. 1897년 뉴욕 맨해튼에 살았던 8세 소녀 버지니아가 '산타는 있느냐'는 편지를 신문사에 보내면서 이 문제가 공론화되었다. 당시 신문사는 버지니아에게 다음과 같은 답장을 했다.

산타는 있단다. 산타가 없다면 이 세상이 얼마나 삭막하겠니. 산타가 굴뚝을 타고 내려오는 것을 본 사람이 없다고 그가 없다는 증거가 될 수 없어.

너는 풀밭에서 요정이 춤추는 것을 본 적이 있니? 못 보았겠지. 그것이 요정이 없다는 증거가 될 수 없어. 산타가 없다면 이 세상에는 사랑과 낭만이 없단다.

산타는 수천 년, 수만 년이 흘러도 살아서 우리의 마음을 기쁘게 해준단다.

1971년 버지니아가 세상을 떠난 뒤 그녀의 친구들은 그림동화「버지니아, 산타는 살아 있어(yes, verginia)」를 출간하였고 이들의 뜻이 이어져 지금도 산타의 존재를 대변하는 활동이 계속되고 있다.

산타가 사는 마을은 세계 곳곳에 있으나 핀란드의 로바니에미의 산타마을이 가장 알려져 있다. 내가 북유럽을 여행할 당시 일정상 산타의 고향으로 알려진 이 마을을 들르지 못해 지금도 아쉬움이 남는다. 이곳에는 산타 사무실, 도서관, 공원, 우체국이 있어 매년 백만여 명의 관광객이 방문하는 명소로 자리 잡고 있다.

산타 우체국에는 해마다 세계 각국에서 70만여 통의 편지가 오는데 7명의 전담 직원이 어린이들에게 답장을 보내 소중한 추억을 만들어 주고 있다. 핀란드인과 결혼한 한국인 여성 1명도 직원으로 일하면서 한 해 1만 통 정도의 한국인 편지에 답장을 보낸다. 루돌프 사슴이 끄는 썰매 체험도 할 수 있는 산타공원은 어린이들이 가장 좋아하는 관광코스이다.

핀란드는 숲과 호수의 나라로 어린이들은 아름다운 자연 속에서 살아가고 있어 우리에게 부러움을 주었다. 초등학교부터 창조성, 실용성 교육을 중시하여 서열위주의 교육을 하는 우리와 차이를 보이고 있다. 성적이 떨어지는 어린이들은 학교에서 보충교육으로 충당하여 사교육을 모르고 살지만 국제학력평가에서는 항상 최상위의 평가를 받아 핀란드식 교육이 국제적 관심의 대상이 되고 있다.

북유럽은 눈이 많이 내려 겨울이 되면 동화의 나라로 변한다. 어린이들은 화이트 크리스마스에 찾아올 산타를 기다리면서 꿈을 키워간다고 한다.

자유로운 분위기 속에서 생활하는 이곳 어린이들과 달리 유치원 시절부터 이 학원, 저 학원 쫓기듯 다니는 우리나라 어린이들을 보면 애처로운 생각이 든다. 어른들의 지나친 교육열이 아이들의 정서를 해치고 있지는 않는지 걱정스럽다.

성탄절 날 눈 오는 거리를 배회했던 어린 시절, 그때 우리들은 자유로운 영혼이었다. 천진난만했던 당시를 돌아보면서 산타의 전설은 영원하다는 것을 알리기 위해 손자에게 편지를 보낸다.

사랑하는 손자에게

하얀 수염에 빨간 옷을 입고, 루돌프가 이끄는 썰매를 타고 다니면서 어린이들에게 선물을 전하는 산타 할아버지의 전설은 영원하단다.

아파트에 굴뚝이 없어 산타가 못 들어온다는 걱정은 하지 않아도 된다. 산타는 전지전능하여 굴뚝이 없으면 허공에 썰매를 대놓고 창문 틈으로 스며들어와 너의 머리맡에 선물을 놓고 간단다.

착한 일 많이 하면 올 크리스마스에는 틀림없이 너를 찾아 올 거야. 산타가 줄 선물을 기다리면서 무럭무럭 자라기 바란다.

크리스마스를 맞아
할아버지 씀

가을 단상

가을이 오면 문득 생각나는 사람, 중학교 때 음악을 가르친 김희조 선생님이다. 깊어가는 가을, 플라타너스 잎이 떨어지는 교정에서 우리는 선생님으로부터 가을 노래를 배웠다.

기억에 남는 노래는 우리 가곡 '기러기 울어 예는 하늘 구만리'로 시작되는 「이별의 노래」와 '물동에 떨어진 버들잎 보고/ 물 긷는 아가씨 고개 숙이지'로 끝을 맺는 「아, 가을인가」다.

다른 과목은 지겨워해도 음악은 기다리는 시간이었다. 맑고 고운 소프라노 음색을 가진 선생님의 음악 시간은 우리에게 즐거움을 주었다. 추억은 아름다운 것인가. 60여 년의 세월이 지났지만 지금도 선생님과 함께 노래를 불렀던 그 시절이 잊혀지지 않는다.

서리가 내린다는 상강(霜降)이 가까워지자 산기슭에는 낙엽이 쌓이고 있다. 가을이 되면 황금빛으로 물들어 가는 어린 시절의 시골 중학교 교정이 생각난다. 플라타너스와 샛노란 은행잎, 운동장 주변 화단의 코스모스, 교정 밖 들판을 가득 채운 누른 벼, 선생님과 아이들, 그리고 가을노래. 많은 세월이 흘렀지만 내 머릿속에 남아 있는 잊혀지지 않는 가을 풍경이다.

가을은 나에게 시련과 좌절, 고통을 안겨 준 계절로 기억된다. 7년 전 늦가을 어느 날, 동래 S병원에서 2년마다 시행하는 정기검진 결과 간에 암으로 의심되는 이물질이 발견되었으니 큰 병원으로 가 보라는 통보를 받았다. 순간 머릿속이 하얗게 변해 버렸다. 서울의 S병원에서 정밀검사 결과 간암 진단을 받은 후 급히 수술일정을 잡았고 암 부분을 도려내는 부분 절제수술을 받았다.

극도의 불안과 긴장으로 스트레스를 받는 나에게 담당의사는 "초기에 발견된 것만 해도 행운이에요. 수술하지 못하는 경우도 많은데…" 하면서 위로하던 말이 기억에 남는다.

나는 청년기에 B형 간염을 앓았고 재발이 되어 치료를 받은 적이 있다. B형 간염은 간경화, 간암으로 진행되는 경우가 많다는 것을 알고 있었지만 염두에 두고 생활하지는 않았다. 담배는 오래 전에 끊었으나 술은 폭음을 하는 경우가 많았다. 돌이켜보면 술이 암 발생의 주범이었다는 생각이 든다. 암은 나에게 절망과 생존의 기쁨을 동시에 안겨 주었다. 수술 이후 나는 덤으로 살고 있다는 생각을 하고 있다.

사람들은 오랜 옛날부터 수명 연장을 위해 온갖 노력을 다해 왔다. 불로초를 구하기 위해 동남동녀 3천 명을 동방으로 보낸 진시

황. 그도 끝내 꿈을 이루지 못하고 49세에 죽었다. 불로장생의 꿈을 가진 그로서는 너무 이른 나이다. 현대 의학은 불치로 여겨왔던 질병을 하나씩 정복하면서 오래 살려는 인간의 꿈을 어느 정도 실현해 주었다.

나의 수명은 얼마나 될까? 가끔 생각해 보는 과제다. 손자 젖먹이 시절 "손자가 초등학교에 입학 때까지는 살아야지" 한 적이 있다. 그 후 초등학교에 입학한 손자를 보면서 "앞으로 5년은 더 살 수 있을 거야" 하면서 생존기간을 스스로 5년 연장했다. 5년 후면 내 나이 84세다. 우리나라 남자의 평균 수명은 80세, 여자는 86세라고 하니 그때까지 살면 남자 평균 수명보다 4년을 넘겨 산다는 계산이 된다.

병을 달고 다니면서 90세까지 장수한들 무슨 의미가 있을 것인가. 기대수명보다 건강수명을 사는 것이야말로 인생의 가장 중요한 목표일 것이다.

며칠 전 꿈속에서 어머니를 뵈었다. 늦가을 낙엽 진 시골 포구나무 길을 따라 내가 태어난 고향 집에 도착하니 어머니가 방에 누워 나를 반기며, 아무 말도 하지 않고 가만히 안아 주었다. 어머니 얼굴을 바라보니 주름이 없는 윤기 나는 얼굴이었다. 젊었을 때의 건강한 모습을 보이고 싶어 현몽(現夢)하신 것 같았다.

대전 공군 항공병학교에서 훈련 받던 시절, 어머니가 면회 왔다는 연락을 받았다. 나는 면회소에서 어머니를 만나자 대뜸 "훈련 잘 받고 있는데 이 먼 곳까지 왜 왔어요?"하며 퇴박부터 했다. 어머니는 떠나면서 계란 한 꾸러미를 나에게 주었다. 70세 시골 할머니가 아들이 보고 싶어 먼 길을 물어물어 찾아 왔는데 얼마나 서운했을까.

김해 공군비행학교에 배속을 받아 구포에서 하숙을 하고 있을 때 저녁 무렵 어머니가 찾아왔다. 아들 사는 모습이 궁금해 찾아왔을 것이다. "잘 있으니 걱정하지 말라"며 나는 어머니를 하숙집으로 안내하지 않고 돌려보냈다. 여럿이 생활하는 하숙집에 어머니가 오는 것을 꺼렸기 때문이다. 그것이 불효인지를 그때는 깨닫지 못했다.

어머니가 병이 들었을 때는 고향을 찾아 한 번씩 병문안하는 것이 고작이었다. 병이 중하여 물 한 모금 넘기지 못할 때도 내가 한 일은 아무 것도 없었다. 한두 살 나이가 더해지면서 큰 불효를 저질렀다는 것을 깨달았을 때 어머니는 이 세상에 없었다. 어머니의 사랑은 끝이 없는 것일까. 낙엽 지는 가을 어느 날 꿈속에서 본 어머니는 불효한 자식을 아직도 사랑하는 것 같았다.

가을이 깊어가고 있다. 추색이 짙어가는 가을산은 아름답다. 단풍을 보면 항상 아쉬운 생각이 든다. 산기슭부터 붉게 물들이면서 등성이로 번지는가 하더니 금방 생명이 다한다. 문득 인생도 낙엽과 같다는 생각이 든다. 올해는 너무 혹독한 한 해였다. 전국이 유례없는 물난리를 겪었고, 코로나로 경기는 꽁꽁 얼어붙었다. 사람들은 살기가 점점 어려워진다고 한다.

그나마 국민들의 언 가슴을 녹여 준 것은 '미스터 트롯'이었다. 우리는 기쁠 때나 슬플 때 노래를 불렀다. 일제 강점기에는 「울밑에서 봉선화」를 불렀고, 6 · 25이후에는 「삼팔선의 봄」이나 「잃어버린 30

년」을 애창했다.

음악보다 희로애락을 잘 나타낼 수 있는 것이 있을까. 나는 낙엽이 쌓이는 늦가을이 되면 시골 중학교 교정의 플라타너스와 샛노란 은행잎, 그리고 가을노래가 생각난다. 올 가을에는 우리 가곡「이별의 노래」,「아, 가을인가」를 부르면서 학창시절의 추억을 되살려 보고 싶다.

유택(幽宅)

장모님이 천수를 다하고 하늘나라로 가셨다. 90세 생일 다음 날 세상을 떠났으니 생신과 제사가 겹치는 날에 세상을 하직하기로 작정하신 것 같다. 별 볼품없는 사위 끔찍이 아끼고 사랑해 주셨는데 먼 길 떠난 후에야 '평소에 좀 잘할 걸' 하는 후회가 가슴을 저민다.

병문안 갈 때마다 여윈 손으로 나의 손을 잡고 "자네한테 미안하네" 하면서 가끔은 눈물을 내비치기도 하셨다. 건강을 상실한데 대한 회한과 병문안에 대한 고마움의 표현이리라. 13년 먼저 세상을 떠난 장인을 이제야 만나게 되었으니 얼마나 반가웠을까? 부부애가 유달랐던 두 분이었으니 얼싸안고 못 다한 회포를 풀었으리라. 울산 천불사 안치장소를 찾을 때마다 외로워 보였던 장인 유택(幽宅)에 나란히 안치된 모습을 보니 한결 든든하고 마음이 놓인다.

장인은 선산을 두고 살아생전에 화장을 고집했다. 매장을 하면

벌초, 유택관리 등으로 후손에게 번거로움을 주니 화장의 선례를 만들겠다고 하여 후손들은 그 뜻에 따랐다. 선산을 두고 매장을 선택하기가 쉬운 결정은 아니었을 텐데 새삼 장인의 선견지명이 돋보인다.

어린 시절 할아버지 묏자리 때문에 이웃동리 사람들과 시비가 오간 기억이 지금도 생생하다. 앞마을 인근에 있는 선산에 묘를 쓰려 하자 '동리 망한다'며 인근 동민들이 몰려와 한사코 묘를 못 쓰게 하여 우리 동민과 이웃 동민 간 몸싸움으로 번진 일이 있었다. 선산은 이웃 동리와 거리를 두고 있었고 소나무가 시야를 가려 보이지 않는 곳에 자리 잡고 있었지만 이웃 주민들은 완강하게 반대를 했고 묘를 쓸 때마다 시비는 계속 되었다. 심지어 어떤 사람은 파놓은 묘 안에 들어가 눕기까지 했다.

그 이후 어느 날 성묘를 하다 선산 중턱에 낯선 묘 1기가 있어 수소문해 보니 그 동리 주민이 몰래 쓴 묘였다. 묏자리 사용을 극심하게 반대한 사람들이 남의 땅에 자기 집안의 묘는 왜 쓰는지 심보가 고약했다. 이장을 요구하고 있지만 지금까지 응하지 않고 있다.

요즘은 시골도 화장(火葬)하는 경우가 많고 세대가 바뀌어 묏자리 시비도 옛날이야기가 되었다. 화장을 하면 무해, 무득, 무탈하기 때문에 풍수들은 명당자리를 찾지 못하면 매장보다 화장이 더 낫다고 말한다. 화장은 불교의 다비(茶毘) 의식에서 전래된 것인데 육신을 정화하여 깨끗한 영혼으로 거듭나게 한다고 전해지고 있다. 좋은 관습으로 인식되고 있는 화장 때문에 국토가 묘지에 침식당하는 것을 막고 묏자리를 둘러싼 시비도 없앨 수 있어 다행스럽다는 생각이 든다.

첨단 과학시대라고 하는 요즘 아직도 많은 사람들은 명당을 찾는다. 선거에 출마하는 사람들은 당선자가 많이 난 지역으로 이사를 하거나, 길지(吉地)로 소문난 곳에 선거사무실을 차리기도 한다. 군부 출신의 모씨는 풍수의 예언에 따라 조상의 묘지를 이장하여 권좌에 올랐다는 소문도 심심찮게 나돈 적이 있었다. 옛날이나 지금이나 명당을 차지하면 자손이 번성하고 부귀영화를 누릴 수 있다고 믿는 사람이 많아 명당시비는 계속되고 있다.

명당의 혈(穴)에는 생기(生氣)나 정기(精氣)가 결집되어 있어 자손이나 거주자에게 영향을 미친다는 것이 풍수지리학자들의 주장이다. 혈(穴)이나 기(氣)의 존재는 과학적 근거가 없는 영적이고 초자연적인 현상이라 믿어야 할지 믿지 않아야 할지 자못 혼란스럽다.

명당은 육신이 영면하는 곳에서 나오는 이야기이지 영혼의 세계에서는 명당이 있을 수 없다. 육신을 떠난 영혼은 불교의 삼도천(三途川)이나, 기독교에서 말하는 요단강을 건넌 후 생전의 죄과에 따라 심판 받는다고 한다. 이승에서 선업(善業)을 쌓은 사람은 극락이나 천국으로 가고 악업(惡業)을 쌓은 사람은 지옥으로 간다는데, 지금까지 종교와 인연을 맺지 않았고 특별한 선업도 쌓지 않은 나는 사후 어떤 심판을 받을지 은근히 걱정된다.

정신분석학자인 프로이드는 죽음에 대한 에세이에서 "사람들은 무의식적으로 자신의 죽음에 대해 상상하기를 싫어하고 관객의 입장에서 자신의 죽음을 바라본다"고 말한다. 자신의 죽음을 멀리서 바라보기 때문에 스스로의 사후 준비에 소홀할 수밖에 없다는 것이다.

가족묘지가 있으면 몰라도 그렇지 않은 경우 살아생전 스스로 유택을 마련하는 것이 집안 어른으로서의 도리(道理)라고 본다. 남의 일처럼 강 건너 불구경하듯 차일피일 미루다 일을 당하면 그 황당함을 어찌 말로 표현할 수 있겠는가. 생전에 울주군 웅촌면에 있는 천불사로 유택을 정한 장인이야말로 유비무환을 실천한 분이었다.

매사에 완벽을 기하는 장인과 달리 나는 차일피일 미루다 아직까지 유택을 마련하지 못하고 있다. 고향 선산에는 가지 않고 화장하기로 했을 뿐 유택은 앞으로 해결해야 할 과제로 남아있다. 혈(穴)이니 기(氣)를 따지지 않더라도 거주지에서 멀지 않은 양지 바른 곳, 산 좋고 물 좋은 곳에 위치하면 금상첨화일 것이다.

장모님 가시고 3일 후 유택을 찾으니 장인과 함께 있는 사진이 비치되어 있었다. 다정하게 서 있는 모습을 바라보니 한결 외로움이 덜해 보인다. 뒷날 문상 온 지인들을 만나 감사의 인사를 전하는 자리에서 장모님에 관한 농 섞인 이야기가 오고 갔다.

"이번 장모님 상에 고생이 많았지요?"

"고생이랄 게 있습니까. 마땅히 해야 할 일이었지요."

“장인께서 오래 전 먼저 가셨다는데 장모님 얼굴 알아보시던가요?
“부부 금슬이 유별나 잊어버리지 않고 쉽게 찾았다고 하더이다.”

아마 지금쯤 장모님은 이승의 근심, 걱정을 접고 좋은 곳에서 장인과 함께 새 삶을 누리고 있을 것이다. 장모님의 명복을 빈다.

할아버지와 손자

손자의 손을 잡고 해운대 장산 대천호수 주변을 산책했다. 5월의 하늘은 청명했고 신록은 눈부셨다. 호수 주변에 늘어선 소나무 동백 철쭉 벚나무들, 물 위를 유영하는 금붕어와 잉어 떼, 먹이를 찾고 있는 광장의 비둘기, 장산 계곡에서 노니는 물고기들, 이것저것 보느라 손자는 신이 났다.

아기와 함께 오솔길로 들어섰다. 새소리 물소리가 정답다. 솔방울 하나가 발 앞에 떨어졌다.

"할아버지, 나무에서 솔방울이 떨어졌어."

솔방울 떨어지는 모습이 손자에게는 신비롭다. 아기의 눈에 세상은 어떤 모습으로 보일까? 산자락의 모습이 호수에 그대로 비쳐지듯 한줌의 흔들림도 없이 맑고 투명하게 비쳐질 것이다. 아기의 눈에 비쳐지는 세상처럼 순수해지면 불신과 반목, 탐욕과 부정, 갈등과 원망이 없는 평화롭고 살기 좋은 세상이 되지 않을까?

문득 인생은 오솔길과 같다는 생각이 든다. 좁은 길을 걷다 돌부리에 받혀 넘어지고, 때로는 흙탕물에 빠지고…. 질곡의 세월 돌고 돌아 황혼에 이를 때까지 인생길 고비고비 얼마나 많은 어려움이 도사리고 있었던가. 나는 손자의 고사리 손을 잡고 마음속으로 기원했다.

> "인생길은 험난하단다. 봄날처럼 따뜻할 때도 있지만 비바람 눈보라가 몰아치기도 하지. 아가야, 고난과 역경을 스스로 헤쳐 나가는 강한 아이가 되어야 한다."

태어난 지 엊그제 같은데 손자가 벌써 네 번째 돌을 맞았다. 할아버지 나이 먹는 것은 보이지 않고 손자 자라는 것만 보이는 모양이다. 훌쩍 자란 하나뿐인 손자가 대견스럽다. 나의 첫 번째 수필집 '손자 도윤이' 글 말미에 손자 본 기쁨을 이렇게 표현했다.

> 오늘이 네가 태어난 지 꼭 20일 째다. 하루가 다르게 이목구비가 또렷해지는 네 모습이 대견하고 자랑스럽다. 배냇짓 옹알이를 하면서 때로는 잠결에 웃는 모습이 천사와 같다는 생각이 든다.
>
> 네가 태어나던 때 매화 동백 개나리가 피어 봄소식을 전해 주었는데, 이제 목련 벚꽃이 만개하여 꽃동네를 이루었다. 어제 오늘은 계속 비가 내려 대지를 적시면서 계절은 벌써 바뀔 채비를 하고 있구나. 또 다른 계절이 올 때쯤 너는 훌쩍 자라나 있을 것이다.

바르고 튼튼하게 그리고 예쁘고 슬기롭게 자라거라. 도윤아! 탄생을 축하한다.

2014. 3. 30

새봄을 맞아 할아버지 씀

일주일에 한번 손자가 올 즈음이면 내 일과는 바빠진다. 화장실 청소와 화분 물주기를 하고 미세먼지가 있을세라 정성을 다해 방과 응접실 구석구석까지 쓸고 닦는다. 그러나 손자가 온 후 얼마 지나지 않아 응접실은 난장판이 되고 만다. 오기 바쁘게 서랍장을 열어 온갖 잡동사니를 끄집어 내놓기 때문이다. 할아버지를 앞에 세워놓고 종이비행기 날리기, 비닐 공차기를 시작할 때쯤이면 놀이는 절정에 이른다.

돌이 지나도 잘 걷지 못했고, 잔병치레가 많아 병원을 자주 들락거렸던 녀석이 지금은 재빠르기가 다람쥐 같다. 된 발음을 잘못해 할아버지, 할머니를 할비, 할미 하다 이제는 웬만한 의사표시도 하는 단계에 이르렀다. 옛날이야기를 해달라고 졸라 때로는 나를 곤혹스럽게 만든다.

옛날 옛날 아주 먼 옛날 깊은 산골에 큰 호랑이 한 마리가 살았지. 며칠을 굶어 배가 고픈 이 호랑이는 함박눈이 펄펄 날리는 날 먹이를 찾아 어슬렁어슬렁 마을로 내려왔어.

내가 가장 자신 있게 할 수 있는 '호랑이와 곶감' 이야기도 여러 차례 반복하다 보니 이제는 '어슬렁어슬렁' 소리가 나오면 '싫어' 하며 거부감을 나타낸다. 울고 보채고 시끌벅적해도 손자와 함께하는 시간은 소중하고 행복하다.

오늘날 핵가족화되면서 가족의 범주에서 할아버지, 할머니가 슬그머니 빠져버렸다. 손자에게 "누구하고 사니?" 하고 물으면 "아빠, 엄마, 나, 셋이요" 라는 대답이 주류를 이룬다. 할아버지는 손자가 보고 싶어도 쉽게 찾아가지 못한다. 그러다 보니 할아버지와 손자 간에 벽이 생겼다.

흔히들 손자는 자식보다 더 귀엽다고 한다. 장성한 자식보다 자주 못 보는 손자에 대한 애틋한 정 때문일 것이다. 노후대책이 없는 노인은 자식과 손자에게도 환영받지 못한다.

신록의 5월을 맞아 오래전에 계획한 가족여행길에 나섰다. 목적지는 미국령 괌. 태어난 후 처음 네 시간 넘게 비행기를 타느라 손자는 주리를 틀었으나 용케도 견뎠다. 현지 도착 후 가족들이 즐거워하는 모습을 보니 잘 왔다는 생각이 들었다. 풀장에서 손자와 물놀이하다 지루하면 고무튜브를 타고 바다 속 열대어를 보았고 시내 일원 관광투어도 했다.

가족들과 함께 보낸 현지 모습들은 사진으로 담아왔다. 뒷날 손자가 이 사진들을 보면 얼마나 즐거워할까를 상상하면서….

내가 가장 두려워하는 것은 언젠가 다가올 손자와의 이별이다. 그날이 올 때까지 손자와 아름다운 추억을 많이 만들고 싶다.

철쭉꽃 피면

해운대의 봄은 남녘의 따스한 바람이 오륙도를 돌아 장산계곡 춘천천(春川川) 버들강아지에 싹을 틔우면서 시작된다. 뒤이어 개나리, 목련이 꽃봉오리를 맺고 벚꽃, 진달래가 피면서 봄이 무르익는다.

계절 감각을 잃고 일찍 피는 꽃도 있다. 우리 집 베란다의 철쭉이다. 4월 초 · 중순께 피는 철쭉이 벚꽃, 진달래 개화 시기인 3월 중순이 되면 아름다운 자태를 드러낸다. 베란다의 따스한 햇볕 덕분이다. 2m는 됨직한 훤칠한 S자형의 철쭉은 굴곡진 가지마다 연분홍 꽃잎을 맺어 해마다 우리에게 큰 기쁨을 안겨 주었다.

진달래와 철쭉꽃이 피면 어머니 생각이 난다. 어머니는 병상에 누워 큼직한 글로 쓴 소월의 시 「진달래꽃」을 되풀이해 읽었다. 고향의 형수에게 병든 몸을 의탁한 어머니는 외롭게 병마와 싸우다 먼 길을 떠났다.

"나 보기가 역겨워 가실 때에는 말없이 고이 보내 드리우리다."

나는 이 시의 첫 구절을 읽을 때마다 가슴이 저민다. 하루빨리 고통에서 벗어나 열반의 세계로 고이 보내 주었으면 하는 바람으로 어머니는 매일 이 시를 낭송했을 것이라는 생각이 들기 때문이다.

건강하실 때에는 막내아들 아플세라 철따라 몸에 좋은 약재를 보내 주었지만 정작 당신이 병상에 있을 때는 한 끼도 봉양해 드리지 못했으니 불효가 막심하다. 생사의 갈림길에 있으면서도 운전은 위험하다며 병문안을 오지 못하게 하시던 어머니. 고향 마을 뒷산의 진달래, 철쭉이 붉게 물들 때가 되면 문득 그리워진다.

50~60년대 어려웠던 시기에 어머니는 새벽부터 논밭에 나가 일을 하면서 생계를 도맡았다. 햇보리가 영글기 전, 뒷산 뻐꾸기 울음이 짙어가는 5월에 접어들면 어김없이 다가오는 보릿고개, 그 피할 수 없는 어려운 시기에 나는 청운의 꿈을 안고 고향을 떠났다. 타향을 맴돈 지 60년. 내 머리에 하얀 서리가 앉았고 어머니가 안 계신 고향은 이제 낯선 타향이 되어 버렸다.

어머니 별세 후 무덤가에 평소 좋아하시던 철쭉을 심었다. 살아생전 어머니의 뜻을 거스르기만 했는데 가신 후 한 번이라도 효도하겠다는 생각이었을까. 어머니에게 잘해 드리지 못한 회한 때문이었을까. 나는 강가에 엄마 청개구리를 묻고 비가 오면 떠내려갈까 봐 슬피 울었다는 아들 청개구리를 닮아 있었다.

어머니는 가시기 전 인편(人便)을 통해 평소 친교가 있었던 고향 사람들과 일일이 작별인사를 고한 후 나에게는 당신과 관계있는 사진을 남기지 말아 달라고 했다. 이 세상과 관계되는 모든 인연의 끈을 끊기 위함이었을 것이다.

어머님 가신 지 32년. 당신이 애착을 두고 가꾸었던 유택(幽宅)은 밀양시 부북면 소재 추모공원으로 이장되었다. 밀양시의 나노단지 조성계획에 따라 선산의 묘지 일부가 수용되자 종손인 장조카와 의논하여 조상 묘를 모두 추모공원에 모시기로 했다. 떨어져 있던 선친들과 함께 할 수 있어 당신도 좋아했을 것이라는 생각이 든다.

철쭉은 어려웠던 시절, 고향 집 주변의 산과 들에서 흔하게 피는 꽃이었다. 산중의 귀족이라며 귀하게 여기는 사람들도 있었지만 괴로울 때나 기쁠 때 늘 가까이에서 볼 수 있는 꽃이라 많은 사람들의 사랑을 받았다. 내가 해운대 신도시 아파트 입주 시에도 가장 먼저 들여 놓은 꽃은 철쭉이었다.

20여 년을 동고동락해 온 베란다의 철쭉이 지난해 가을 분갈이 후 시들시들해지기 시작했다. 해가 바뀌어 봄이 가까워 오는데도 생기를 찾지 못하더니 바싹 마르면서 살아날 기미를 보이지 않는다. 어머니가 그랬던 것처럼 천수가 다 한 것 같았다.

베란다 화분 중 철쭉은 유달리 애착이 가는 꽃이었다. 산야의 들꽃보다 일찍 만개하여 봄소식을 전하는 전령사 역할을 했고 때로는 손자와 함께 찍는 사진 속의 모델이 되기도 했다. 한해도 거르지 않고 연분홍 꽃을 피워 우리 가족에게 기쁨을 전해 주었던 철쭉을 볼 수 없다니…. 앙상한 가지를 매달고 있는 철쭉 화분을 볼 때마다 가슴 한 곳이 텅 빈 느낌이 든다.

피고 지는 봄꽃을 보면서 "꽃은 아름다워도 10일을 가지 못하고, 사람은 100년을 살기 어렵다(花無十日紅, 人無百年壽)"는 경구를 생각한다. 젊음이 가고나면 인생이 시들 듯 생명을 지닌 모든 것은 죽음으로 귀결된다는 뜻을 가지고 있다.

문득 돌아보니 내 나이 산수(傘壽)를 내다본다. 인생무상이다. 어머니가 별세하시기 전 "지나고 보니 한바탕 꿈을 꾼 것 같다"는 말이 절실하게 들린다.

생을 다한 베란다의 깡마른 철쭉에 연민의 정이 느껴진다. 비좁은 화분에 뿌리를 내리고 고난의 삶을 살아왔기 때문이다. 저 철쭉이 비옥한 산야에서 자랐다면 지나가는 바람과도 속삭이고 해와 달, 산새와 벗하면서 풍요롭게 살았으리라. 자연이 주는 혜택을 누렸다면 몇 배나 더 살 수 있었을 것을.

죽어버린 철쭉 화분을 차마 버리지 못하고 화초들 틈새에 세워 두었다. 주목은 살아 천년, 죽어 천년이라 하지 않는가. 비록 마른 가지에 불과하지만 오래도록 옆에 두고 싶다.

사랑해 손자

유치원 입학 후 손자와 함께하는 시간이 많아졌다. 며느리가 직장을 가지면서 7살 된 손자를 우리 내외에게 맡겼기 때문이다. 오후 4시면 어김없이 유치원에서 데리고 와 저녁 7시 아들이 퇴근하면서 데려갈 때까지 우리 내외가 손자를 돌보아야 하는 처지가 되었다.

늘그막에 손자를 맡아 옴짝달싹 못할까 걱정하기도 했지만 멀리 두고 그리워하기보다 자주 보는 기쁨이 클 것이라는 생각이 앞섰다. 더구나 하나뿐인 손자가 아니던가.

천방지축 개구쟁이 손자 돌보기가 쉽지 않다. 유치원에서 데리고 오는 일을 시작으로 간식 먹이기, 놀아주기, 대소변 도와주기까지 한시도 눈 돌릴 틈이 없다. 놀아주기는 주로 할아버지 몫인데 잠시 다른 일을 하면 "할머니, 할아버지가 안 놀아줘" 하고 일러바치니

꼼짝 못하고 함께 놀아야 한다. 가위 바위 보로 딱지 따먹기를 한 후 지게 되면 두 번, 세 번 다시 하자고 달려들어 빼앗긴 것을 찾아야 그만 둘 만큼 승부욕도 강하다.

우리 부부는 평소 서로의 취미생활에 대하여 간섭하지 않는 편이다. 마누라는 하루 종일 TV에, 나는 인터넷 바둑에 빠지는 날이 많다. 마누라가 오죽했으면 "종일 집에서 빈둥대지 말고 밖에서 보낼 수 있는 취미거리를 만들어 보라"고 충고도 하지만 그게 쉬운 일인가.

손자가 오게 되면서 개인 생활은 없어지고 모든 일과는 손자 중심으로 바뀌었다. 비닐 공차기, 종이비행기 날리기, 퍼즐 맞추기 등 손자가 좋아하는 놀이를 하다 보면 허리 펴기도 쉽지 않다. 뛰고 굴릴 때 나오는 소음으로 인해 아랫집 눈치도 봐야 할 처지가 되었다.

손자가 이쁘지 않은 사람은 아마 없을 것이다. 나도 그렇다. 손자는 귀엽고 사랑스럽다. 딸 바보라는 말이 있듯 나는 손자 바보다. 손자 재롱 때문에 웃는 날이 많아졌다. 조용하던 집안이 시끌벅적해져 '사람 사는 집'이 되어 버렸다.

유치원에서 데리고 오는 둘만의 오붓한 시간에는 아파트 앞 화단에 피어있는 꽃이나 나무 이름도 알려주고, 횡단보도 건너는 요령도 일러준다. 버릇 나빠진다고 업어주지 말라는 아들 내외의 당부가 있지만 가끔 업고 오면서 "할아버지는 도윤이 사랑해. 도윤이는?" 하고 물으면 "나도 할아버지 사랑해." 하는 화답이 오간다. 엎드려 절 받는 격이다. 따뜻한 손자의 체온을 느끼면서 대화를 주고 받으면 작은 행복감이 스며든다.

흔히들 다섯 살 아이를 미운 오리새끼라고 말한다. 장난이 심한 데서 나온 말이다. 손자가 그랬다. 그런데 일곱 살에 들면서 아이의 태도가 바뀌었다. 벗어 던졌던 옷, 양말을 보기 좋게 접어 구석자리에 놓았다. 시키는 말도 잘 듣고, 밥도 혼자서 잘 먹었다.

유치원 선생님의 가르침이 도움을 주었겠지만 칭찬과 선물 약속이 아이의 버릇을 바꾸는데 일조를 했다는 생각이 든다. 칭찬은 고래도 춤추게 했다던가. 칭찬 받을 일을 하면 "도윤이 최고야. 어떻게 그렇게 잘 할 수 있지?" 하면서 엄지를 치켜 주었다. 착한 일을 하면 매일 별표를 하나 주고, 30개가 차면 장난감 선물을 사 주기로 한 아빠와의 약속도 효과가 있었나 보다.

"손자 몫이니 넘보지 말고 조금 있다 돼지고기 먹어요."

별식은 손자 차지다. 간혹 한우 구이를 할 때는 마누라는 끼어들까 봐 못을 박는다. 영감은 아예 흑싸리 쭉지 취급이다. 과일도 천혜향, 레드향 같은 비싼 과일은 손자 몫이고 값이 싼 밀감은 우리 차지다. 그래도 손자가 맛있게 먹는 것을 보면서 함께 즐거워한다.

어린 시절 끼니 때우기가 어려웠을 때 과일은 설, 추석 같은 명절이 아니면 맛볼 수 없었다. 어머니는 간혹 다른 형제가 볼세라 막내인 나를 광으로 데리고 가 숨겨둔 곶감이나 홍시를 몰래 꺼내 주곤 했다. 그것이 어머니의 막내 사랑이라는 것을 그때는 알지 못했다.

손자에게 무엇이든 주고 싶은 마음은 그때 어머니가 베풀어 주었던 사랑과 같은 것이리라. 손자와 함께 해로(偕老) 할 수 있어 좋다. 먼 길 떠날 때까지 함께 하고 싶다. 훗날 글의 의미를 깨우치게 될 때 읽어 주기 바라면서 손자에게 보내는 편지를 쓴다.

사랑하는 손자에게

엊그제 입춘이 지나면서 비가 내리고 있다. 봄이 오는 길목에서 내리는 귀한 비다. 6년 전 너의 탄생을 축하하는 글을 쓸 때도 비가 내렸지. 그때 "네가 초등학교에 갈 때까지 살 수 있을까?" 하고 걱정했는데 내년이면 초등학교에 입학하는구나. 감회가 새롭다.

앞으로 얼마나 살 수 있을지 모르겠지만 지금까지 너와 함께해 온 날만큼은 같이 있고 싶다.

무럭무럭 자라는 너를 바라보는 것은 우리의 큰 기쁨이었다. 할아버지 집의 벽 모서리에 연필로 새겨진 눈금은 네 키를 표시해 둔 것이다. 눈금을 새길 때마다 조금이라도 키를 키우려고 뒤꿈치를 곧추세우는 모습이 웃음을 자아내게 했다.

네 엄마, 아빠가 직장에 나가기 때문에 할아버지, 할머니와 함께하는 시간이 많아졌고 외동인 너의 놀이 단짝은 할아버지가 될 수밖에 없었다. 함께하는 시간은 즐겁고 행복했다.

채소보다 육류를 좋아했고 일곱 살이 되어도 김치를 먹지 못했다. 고집이 세다는 지적도 많이 들었다. 앞으로 고쳐 나가야 할 것이다.

친구들과 잘 어울렸던 너는 인사성이 밝아 사람들로부터 귀여움을 받았다. 공부도 잘 할 것으로 믿는다.

도윤아, 너는 우리의 꿈이고 희망이다. 바르고 튼튼하게 잘 자라다오.

2020년 2월
봄이 오는 길목에서
할아버지 씀

아기 울음소리

아기는 우리에게 꿈과 희망을 안겨주고 새로운 미래를 열어가는 원동력이다. 언제부터인가 새 생명의 탄생을 알리는 아기 울음소리가 주변에서 사라져가면서 우리의 미래를 걱정하는 사람이 많다.

20가구 60명이 사는 경남 거창군의 한 마을에서는 베트남 출신 부인이 사내아기를 출산하자 면장이 찾아와 "21년 만에 아기 울음소리가 울렸다"며 출산장려금 100만원을 전달하고 축하인사를 했다. 칠곡군 석적면의 한 마을에서는 20년 만에 태어난 아기의 100일 잔치를 마을회관에서 열고 전 동민들이 기쁨을 함께했다. 워낙 출생률이 낮다 보니 마을주민들이 공동으로 100일 잔치나 돌잔치를 치러도 하등 이상하지 않은 것이 오늘의 현실이 되어 버렸다.

우리 집에서도 40년 만에 아기 울음소리를 듣게 되었다. 오랜 기다림 끝에 손자가 탄생했기 때문이다. 아들도 독자라 손이 귀한데 뒤늦게 본 손자가 귀여울 수밖에 없다.

나는 첫 수필집 '손자 도윤이' 라는 글에서 손자 본 기쁨을 이렇게 표현했다.

> 안드로메다 은하에서 왔느냐, 은하수 성좌에서 떨어졌느냐. 어느 날 혜성이 바다에 떨어져 해일이 밀려오는 네 아버지의 태몽을 가지고 너는 태어났다. 2014년 3월 10일(음력 2월 10일) 아침 9시 37분. 너의 탄생일시(誕生日時)다.
>
> 동물들이 겨울잠에서 깨어난다는 경칩(驚蟄)이 지나고 대지에 봄바람이 스며들기 시작하는 좋은 날이었다. 해운대 장산 기슭의 매화 동백은 화사한 꽃망울을 활짝 열었고, 길가의 개나리는 샛노란 꽃을 피우고 있었다. 아무리 봄꽃들이 곱고 아름답다 하여도 너에 비하겠느냐.

새 생명이 자라는 과정을 지켜보는 것은 얼마나 큰 기쁨이고 축복이었던가. 이 녀석은 돌이 지날 때까지 잘 걷지 못해 걱정스러웠는데 만 3살이 되면서 응접실이 좁다하고 뛰어다녔다. 90cm 남짓한 키에 한 아름이 넘는 고무공을 드리블하기도 하고, 옆차기로 뒷발을 쭉 뻗는 게 제법 고수(?)를 연상시킨다. 신나게 뛰어 놀다 까르르 웃으면 집안이 환해지고 가족에게 즐거움을 준다.

아기가 자라는 과정을 지켜보는 것은 할아버지의 기쁨이다. 과거처럼 많은 자녀를 키우는 것도 아니고 독자 손자라 집안의 어른으로서 어찌 대견하지 않으랴. 울 때도 귀엽고 머리에 올라타도 귀엽다. 손자를 귀하게 여기면 버릇이 나빠져 할아버지 상투 꼭대기에 올라타고 수염을 뽑는다는 옛말이 틀리지 않은 것 같다. 그래도 손자가 깔깔 웃으면 엔도르핀이 생기는 것 같고 집안에 화기가 돌아 좋다. 뒷날 성인이 되면 할아버지, 할머니의 내리사랑을 알기나 할까.

아기는 웃음 전도사다. 아기웃음은 신이 인간에게 내린 가장 큰 축복이라고도 하고 천상의 웃음에 비유되기도 한다. 인간은 본래 선하게 태어난다는 성선설의 근원은 아기 웃음이 아닐까? 울고 웃는 아기를 보면 순진무구라는 말 외에 달리 표현할 길이 없다.

아기가 태어날 때 왜 '응애' 하고 울까? 태반과 탯줄을 통해 호흡하면서 불편한 자세로 누워있다 세상에 나오면 기뻐서 '하하하' 하고 웃어야 하지 않을까? 이런 엉뚱한 생각을 할 때가 있다.

아기는 엄마의 자궁에 있을 때가 가장 편안함을 느끼고, 엄마의 심장소리를 듣지 않으면 불안함을 느낀다고 한다. 어느 날 갑자기 세상으로 나오면서 엄마의 심장소리를 듣지 못하는 충격 때문에 울음소리를 낸다는 기사를 읽은 적이 있다. 자신의 존재를 알리는데 울음보다 나은 것이 없다는 생존본능 때문이 아닐까? 하기야 태어나자마자 숨쉬기 잘 하라고 엉덩이부터 철썩 때리는데 얻어맞은 아기가 웃을 리 있겠는가.

출산표어를 보면 정부의 출산정책의 변화를 알 수 있다. 60년대는 「덮어놓고 낳다 보면 거지꼴 못 면한다」는 표어로 한 자녀 출산정책을 강력히 실시해 왔고, 70년대는 「아들딸 구별 말고 둘만 낳아 잘 기르자」며 두 자녀 정책으로 바뀌었다.

90년대부터 인구가 줄어들자 「딸 아들 구별 말고 많이 낳아 잘 기르자」는 다산 표어가 나왔고, 근래에는 「아기들의 울음소리 대한민국의 희망」이라는 표어가 등장했다. 10~20년마다 출산정책이 바뀌었는데 100년 대계인 나라의 출산정책이 너무 근시적인 안목으로 시행되어 왔다는 느낌을 지울 수 없다.

한 쪽의 반이 결혼하여 나머지 한 쪽을 찾을 때 완전한 한 짝이 되는데 한 쪽으로만 사는 사람이 늘어나고 있으니 미래의 꿈과 희망이 사라질 수밖에 없다. 결혼 기피는 경제사정이 가장 큰 이유라는데, 경제 너무 따지다 혼기 놓치고 미래의 꿈 접을지도 모르겠다.

농촌은 공동화(空洞化)현상을 빚고 있다. 고령인구는 늘어나고 젊은이는 도시로 빠져나가기 때문이다. 젊은이가 없는 농촌에서 아기 울음소리를 듣지 못하는 것은 당연하다.

도시도 마찬가지다. 나 홀로 사는 사람이 늘어나고 40대 처녀, 총각을 예사로 보는 사회가 되었다.

우리나라 출산율은 0.8명으로 세계 최하위다. 2명이 되어야 현상유지를 할 수 있는데 반도 못 미친다. 영국 옥스퍼드 대학의 미래학자는 한국의 출산율이 현 상태로 지속되면 2300년대 중반 우리 인구는 625만 명, 2600년에는 75만 명으로 줄어 이때쯤 대한민국은 지구상에서 사라지고 인구 규모가 큰 나라가 지배하는 다른 나라가 세워질 것이라고 예측했다.

저출산은 이제 국가의 존립을 위태롭게 하는 문제가 되고 있다. 아기 울음소리를 듣기 힘든 현실이 서글퍼진다.

완행열차를 타면서

우리 일행은 아침 9시 40분발 밀양행 완행열차 무궁화호에 몸을 실었다. 오늘은 재부 밀양 문인회 회원들이 고향을 방문하는 날이다. 8월도 막바지에 접어들어 더위는 한물가고 날씨는 쾌청했다.

무궁화호를 타면서 어린 시절로 추억여행을 떠났다. 코흘리개 시절 나는 어머니의 손을 잡고 부산 친척집에 가면서 처음으로 완행열차를 탔다. 기차를 본 것도 처음이었다. 그때 나는 두 번 놀랐다. 첫 번째는 거대한 쇳덩이가 굉음을 지르며 달리는 것에 놀랐고, 부산역에 도착한 후 거미줄처럼 늘어선 선로를 보고 또 한 번 놀랐다. 시골집을 벗어난 적 없는 나에게 미지의 세계는 낯설고 신비로웠다.

1961년 대학에 입학한 후 부산에서 생활하면서 나는 자주 완행열차 비둘기호를 이용하게 되었다. 당시 완행열차는 통로까지 승객들이 들어찰 정도로 항상 만원을 이루었다. 밀고 당기는 입석 틈새로 쌀자루라도 운반하는 날이면 뭇 사람의 눈총을 받았다.

요행히 자리를 잡은 승객들은 초록색 천이 깔린 3인용 의자를 마주하고 잡담을 하거나 수다를 떨다 금방 친해지기도 했다. 치안이 확보되지 않은 때라 상이군경을 지칭하는 사람들이 열차 안에서 부녀자나 학생들에게 껌을 강매하는 경우가 많았고, 돈을 내지 않으면 손가락을 비트는 등 위해를 가했지만 고스란히 당할 수밖에 없었던 시절이었다.

돌이켜보면 비둘기호는 50~60년대 어려운 시기에 서민들과 애환을 함께한 열차였다. 그 후 한 단계 격상된 통일호가 나왔고, 오늘날에는 무궁화호로 바뀌어 운행되고 있다.

사회생활을 시작하면서 나는 완행열차와 거리가 멀어졌다. 빨리빨리 문화에 길들여진 때문이었다. 누가 쫓아와 낚아채기라도 하는 것처럼 바쁘게 살았다. 공직은퇴 후 시간이 남아돌면서 잊다시피 한 완행열차를 다시 이용하기 시작했다. 동해 남부선을 따라 경주, 포항도 다니고 문우들과 함께 고향 밀양도 방문했다.

완행은 느림의 미학을 일깨워 주었다. 무심코 지나쳤던 풍물들도 완행열차에서 바라보면 새로운 모습으로 다가왔다. 별다른 감흥을 주지 못했던 시골역 주변의 철쭉, 벚꽃, 느티나무도 나를 반겨주었고 멀기만 했던 창 밖 산하도 잡힐 듯 가깝게 느껴졌다. 느림의 미학이 베푼 혜택이었다.

나는 봄비가 내리는 어느 날, 원동역을 지나면서 창문을 때리는 빗줄기 너머 자욱한 물안개에 덮인 낙동강을 보았다. 자연이 그린

한 폭의 수채화가 그곳에 있었다. 그 이후 봄비가 내리는 날이면 완행열차를 타고 여행길에 나서고 싶은 충동을 느끼곤 했다.

우리 일행이 탄 기차는 구포역을 지나 낙동강 줄기를 따라 가며 거친 숨결을 토해냈다. 옛날 증기 기관차를 타고 흰 연기를 길게 내뿜으며 달렸던 그 길이다.

열차는 산등성이를 돌면서 강을 만났고, 들판을 휘돌아 다시 강과 헤어졌다. 아, 낙동강! 우리의 젖줄이요 생명의 원천인 낙동강 700리. 아버지의 아버지가 강줄기 따라 어딘가에서 뿌리를 내렸고 또 다른 후손들이 삶을 일구어 나가야 하는 곳이다.

인생살이에만 풍파가 있으랴. 굽이굽이 돌아가는 저 강물도 많은 사연을 품고 흘렀으리라. 인생은 길어야 100년이지만 저 강은 수천 년, 수만 년에 이르는 긴 세월을 면면히 흘러가면서 인고의 세월을 견디어 냈을 것이다.

삼랑진을 지나면 고향 밀양이다. 무궁화호를 타면 부산서 45분, 부산~대구 고속도로 따라 승용차로 이동하면 25분 거리다. 세상 참 좋아졌다.

밀양은 점필제 김종직 선생이 태어난 선비의 고장이요, 임란 시 승병을 일으켜 나라를 구한 사명대사의 고향이다.

밀양 영남루는 진주 촉석루, 평양 부벽루와 함께 우리나라 3대 누각으로 꼽힌다. 밀양강을 낀 절벽 가장자리에 위치하여 조선 16경에 선정될 만큼 경관이 수려하다. 해방이후 14년 동안 국보로 지정되었다가 1962년 보물로 격하되어 현재 국보복원 운동이 한창 진행 중이다.

표충사는 재약산 기슭에 자리 잡은 호국성지다. 경내의 표충서원(表忠書院)은 국난극복에 앞장 선 서산대사, 사명대사, 기허대사의 영정을 모시고 충혼을 기리는 곳이며, 호국박물관(護國博物館)에는 국보급 문화재 등 많은 유물이 소장되어 있다. 무안면 홍제사(弘濟寺)의 사명대사 표충비(表忠碑)는 국가에 중대사가 있을 때마다 땀(1회에 적게는 2~5ℓ, 많게는 110ℓ)을 흘리는 신비한 비석이다.

천황산 북쪽 600~750m 기슭에 있는 얼음골. 여름이면 얼음이 얼고 겨울이면 얼음이 녹는 특이한 기상현상을 지닌 곳이다. 얼음골이 있는 남명리(南明里) 일대는 한여름 피서지로도 유명하다.

영남루각 옆에 있는 박시춘 선생의 생가에도 많은 관광객이 찾는다. 2001년 복원된 이곳에는 선생의 흉상과 노래비가 있고, '신라의 달밤' '이별의 부산정거장'등 3,000여 곡을 작곡한 불세출의 작곡가라는 안내문이 세워져 있다.

우리 일행은 밀양의 관광 유적지를 뒤로 하고 다시 부산행 완행열차에 올랐다. 여행은 보고 듣고 생각하는 삶의 체험이라는 말이 생각난다. 각자 생활의 터전으로 돌아가지만 우리는 더 많은 삶을 체험하기 위해 추억의 완행열차를 다시 타게 될 것이다.

제 2 장

번뇌, 그 끝은

노래는 사연을 싣고

애창곡은 좋아해서 즐겨 부르는 노래를 말하지만 나는 부르기보다 주로 남의 노래를 듣는 편이다. 나의 애창곡을 들라면 외국 곡으로는 '메기의 추억'이고 국내 곡으로는 '이별의 노래'이다. 내가 이 두 곡을 애창곡으로 선정한 이유는 곡도 좋지만 노랫말에 깊은 사연을 담고 있기 때문이다.

'메기의 추억'은 캐나다의 시인 죠지 존슨(George johnson)이 죽은 부인 메기 클라크(Maggie clark 1841~1865)에 대한 추억을 그린 것이다. 미국의 남북전쟁이 끝나고 평화가 찾아올 무렵, 캐나다 해밀톤에 있는 고등학교에서 영어를 가르쳤던 죠지 존슨이라는 젊은 총각 선생(26세)이 제자 여고생인 메기 클라크와 사랑에 빠지게 된다.

나이아가라 폭포수가 온타리오 호수로 흘러들어가는 언덕에서 호수를 바라보며 사랑을 속삭였던 두 사람은 그녀가 졸업하자 바로 결혼하여 미국 오하이오 주 클리블랜드로 전출한다. 그곳에서 신혼을 즐기던 신부 메기는 뜻밖의 결핵으로 결혼 1년도 안되어 사내아이 하나를 남기고 세상을 떠난다.

신혼의 단꿈이 가시기도 전에 아내를 잃은 존슨은 지난 날 사랑을 속삭였던 고향 언덕에 아내를 묻어 주려고 아내가 잠든 관을 화물 열차에 싣고 고향 해밀톤으로 향한다. 그러나 품에 안고 있던 아기가 엄마를 찾아 울기 시작했고 아무리 달래어도 울음이 그치지 않자 존슨은 아기를 안고 일어나 승객들에게 사과의 말을 한다.

"여러분 죄송합니다. 아기 엄마는 지금 관속에 있습니다. 아내를 묻어 주려고 고향 해밀톤으로 가고 있는데 아기가 엄마를 찾느라 울음을 그치지 않고 있습니다. 여행길에 누를 끼쳐 대단히 죄송합니다."

객차 안의 승객들은 숙연해졌고 눈물짓는 사람들도 있었다. 그는 온타리오 호수가 보이는 고향 언덕에 아내를 묻은 후 아내와의 행복했던 시절을 추억하며 노랫말을 만들었다. 아내가 사망한 이듬해 친구이자 작곡가인 제임스 버트필드(James butterfield)에게 노랫말을 주어 불후의 명곡 '메기의 추억'이 세상에 나오게 되었다.

뒷날 존슨은 명문 미국의 홉킨스 대학에서 철학박사 학위를 받았고 이름난 시인이 된다. '메기의 추억'은 윤치호 선생의 '옛날의 금잔디'라는 가사로 애창되고 있다.

옛날의 금잔디 동산에 메기같이 앉아서 놀던 곳
물레방아 소리 들린다 메기야 희미한 옛 생각
동산 수풀은 없어지고 장미화는 피어 만발하였다
물레방아 소리 그쳤다 메기 내 사랑하는 메기야

'이별의 노래'는 박목월 시인이 중년에 겪었던 사랑의 아픔을 담은 노래이다. 1952년 봄 6 · 25 전쟁이 끝나갈 무렵, 대구에서 피난살이 하던 박목월 시인은 '자신의 시를 좋아하는 독자와의 만남'에서 서울 E여대에 적을 둔 한 여인을 알게 된다. 휴전협정이 체결되어 서울로 올라 온 이후에도 만남은 계속되었고 이 여인은 박목월에게 사랑을 고백한다. 처자식과 사회적 지위(서울대 교수)가 있었기에 이 여인을 멀리하지만 그녀의 순애보는 멈추지 않는다.

그해 가을 어느 날 두 사람은 홀연히 서울에서 사라진다. 얼마간의 시간이 지난 후 박목월의 아내는 그가 제주도에 살고 있다는 소식을 듣고 남편을 찾아 나선다. 궁핍하게 살고 있는 그들의 모습을 본 부인은 생활이 힘들지 않느냐는 위로의 말과 함께 돈 봉투와 추운 겨울 따뜻하게 지내라며 겨울 옷 두 벌을 건네고 서울로 돌아간다.

부인의 모습에 감동한 목월과 그 여인은 헤어질 때가 왔음을 알게 된다. 사랑을 끝내기로 한 후, 목월이 서울로 떠나기 전날 밤 시를 지어 이 여인에게 마지막 선물로 전한다. 이 시는 뒷날 김성태 작곡가가 곡을 붙여 많은 사람들의 사랑을 받는 가곡 '이별의 노래'로 탄생한다. 끝소절 '너도 가고 나도 가야지'에는 애달픈 이별의 아픔이 담겨져 있다.

기러기 울어 예는 하늘 구만리
바람이 싸늘 불어 가을은 깊었네
아~ 아~ 너도 가고 나도 가야지

김규련의 수필 '거룩한 본능'은 황새 한 쌍의 죽음과 그들의 애절한 사랑을 그린 실화이다. 경북 영양군 수비면 화전민의 후예들이 살고 있는 산골에 어느 날 황새 한 쌍이 찾아와 마을 앞 노송에 둥지를 튼다. 길조로 생각하는 황새가 찾아와 기뻐하던 마을 사람들은 어느 날 밀렵꾼이 쏜 총에 맞아 한 마리가 부상을 당하자 노송아래 보금자리를 마련하고 극진히 보살핀다. 그날 밤 총소리에 놀라 달아났던 짝이 돌아와 노송 주위를 맴돌며 구슬피 울기 시작했다.

무서리가 내린 어느 날 기이한 일이 생겼다. 주민들이 알뜰하게 보살펴 온 황새와 짝이 서로 목을 감고 싸늘하게 죽어 있었다. 수필은 이렇게 끝을 맺는다.

소문을 듣고 달려 나온 마을 사람들은 이 슬픈 광경을 보자 숙연해졌다. 저마다 무엇을 느꼈음인지 착잡한 심정으로 한참 말이 없었다. 황새도 영물일까. 산골의 날씨는 무섭게 추워지려는데 혼자 남쪽으로 갈 수 없었던 황새의 애절한 정, 조류에 따라서는 암수의 애정이 별스러운 놈도 있지만 그것이 모두 그들의 본능이라 했다.

그러나 그들의 하찮은 본능이 오늘따라 인간의 종교보다 더 거룩하고 예술보다 더 아름답게 느껴지는 까닭이 무엇일까?

만남과 이별에 얽힌 특별한 사연은 명작을 남긴다. 죠지 존슨은 신혼 초 부인을 잃은 후 '메기의 추억'을 썼고, 박목월 시인은 사랑하는 여인과 이별한 후 '이별의 노래'를 만들었다. 김규련 수필가는 영양군 교육장을 할 당시 황새 한 쌍의 죽음을 목격한 후 '거룩한 본능'이라는 명수필을 남겼다.

나는 항상 소재 부족을 느끼고 능력도 따르지 않지만 좋은 작품을 만들 수 있다는 희망과 사명감을 가지고 글을 쓰고 있다. 나의 바람은 한 편이라도 많은 사람들에게 감동을 줄 수 있는 작품을 남겼으면 하는 것이다.

남은 생을 생각하며

삶의 속도는 나이에 2를 곱한 것이라는 말이 있다. 20대가 시속 40km로 살아간다면 70대는 시속 140km로 살아간다는 말이다. '광음여시(光陰如矢)' '세월유수(歲月流水)'라는 표현은 70대를 두고 하는 말인 것 같다.

흘러가는 세월은 잡을 수도 멈추게 할 수도 없다. 빠른 세월 뒤에는 필연코 죽음과 이별이 따른다. 인간은 죽음을 안고 살아가지만 이를 인지하면서 살아가는 사람은 드물다. 의식적이든 무의식이든 죽음과 조우하려 하지 않는다. 죽음에 대한 두려움 때문이다. '갈 날이 되면 가겠지' 하면서 죽음을 회피하고 사는 것이 인간의 본성이다.

다가오는 죽음을 막을 수 없을 바에야 이를 담담히 받아들이고 미리 대비해야 한다는 사람들이 많은 것 같다. 죽음은 예고 없이 부지불식간에 올 수 있기 때문에 살아있을 때 준비하는 것이 노인들이 챙겨야 할 덕목의 하나라는 것이다.

죽음은 긴 잠이라고 한다. 일정시간 몸과 마음의 활동을 쉬면서 의식이 없는 상태로 있는 것이 잠이라면 죽음은 의식이 육신을 떠나 돌아올 수 없는 잠을 자는 것이 다를 뿐이다.

27년 간 혼수상태에 빠져있던 59세 여인이 독일의 한 병원에서 깨어났다. 4세 아들을 유치원에 데려다 주는 길에서 트럭에 부딪치는 순간 아들을 몸으로 감싸 아들은 찰과상만 입었고, 이 여인은 뇌를 다쳐 27년간 깊은 잠에 빠졌다고 한다. 여기에서 말하는 깊은 잠은 죽음과 같은 의미일 것이다.

사람이 90년을 산다면 30년은 잠을 잔다고 한다. 나는 20년 간 잠을 잤는데 앞으로 얼마나 더 잠을 잘 수 있을까? 내가 지금까지 풀지 못하고 있는 수수께끼다.

삶과 죽음은 이승과 저승의 관계가 아니고 안과 밖처럼 가까운 관계이다. 죽음을 연구하는 사람들은 죽음을 수용할 수 있는 사람이라야 진정한 삶의 의미를 이해할 수 있는 사람이라고 말한다.

죽음이 있다는 것은 우리의 삶이 영속적이 아니라 한시적이라는 것을 의미한다. 이것은 삶이 가치 있고 감사한 일이라는 것을 깨우쳐 준다. 유한한 삶을 살고 있는 우리는 삶을 가치 있고 의미 있게 바꾸어 나가야 할 책임이 있다.

지난 세월을 되돌아보면 내 반생은 살기 위한 욕구 충족의 삶을 살아온 것 같아 가슴 아프다. 20대는 청운의 꿈을 펼치기 위한 열정과 희망으로, 30~40대는 가장으로서의 역할과 책임감으로 살아왔다. 50대가 노후생활을 위한 준비 기간이었다면 60~70대는 삶의 보람을 누리는 기간이라 할 수 있는데 그렇지 못한 것 같아 안타깝다.

나는 퇴직 후 의외로 가까운 곳에서 삶의 의미를 찾을 수 있다는 것을 깨닫게 되었다. 해운대 장산 산책길에서 무심히 들어온 산새들의 합창과 계곡물 소리가 어느 날 오케스트라 화음처럼 어울려 잔잔한 기쁨을 안겨 주었다.

숲 속 벤치에 앉아 사색에 잠기거나 구절초가 피어있는 산기슭 호젓한 오솔길 따라 바스락 바스락 낙엽을 밟으면 작지만 확실한 행복감에 젖어들게 된다. 산은 한번도 나를 미워하거나 거부한 적이 없다. 매일 아침 만날 때마다 가진 것을 송두리째 드러내며 반겨준다.

손자와의 만남은 빠뜨릴 수 없는 일과다. 아침 산책을 마칠 때쯤 유치원 길목에서 기다리는 나를 보고 저만치 뛰어오는 손자를 덥석 안으면 포만감이 찾아들고, 뺨을 맞대면 따뜻한 혈류가 전달되어 온 몸으로 퍼진다. 나의 작은 행복이요 살아있음의 의미다.

글 쓰는 것은 취미생활의 일환이다. 마음 내킬 때 쓰다 보니 1~2개월에 수필 한 편을 쓸 때도 있다. 글 한 편을 완성하고 나면 비어있는 내 삶의 공간 한 곳이 채워진 것 같아 뿌듯함을 느낀다.

한두 살 나이가 더해지면서 마음이 여리어진다. 아침 산책길의 풀벌레 우는 소리도 크게 들리고, 계절의 추이에도 민감하다. 목련이 탐스러운 자태를 드러내고, 벚꽃이 꽃구름을 이루면 철부지 소년처럼 기뻐하다 꽃잎이 떨어지기 시작하면 허망하고 쓸쓸한 생각이 든다. 희수의 나이에 자연의 섭리를 깨달아 가고 있음인가.

“오늘 하루는 내가 살아갈 날의 몇 분의 일에 해당할까?”

“천 분의 일? 아니야, 너무 짧아. 이천 분의 일쯤 될 거야.”

나는 가끔 남은 생에 대해 자문자답 할 때가 있다. 하늘의 부름이 있으면 가야하는 길을 스스로에게 묻고 답하다니 어리석은 짓이다. 속절없이 지나가는 세월에 대한 안타까움에서 나오는 소리이리라.

내 삶의 속도에 가속이 붙어 200km, 300km로 빨라지는 날이 올 것이다. 그때 누군가 “당신은 만족한 삶을 살았는가?” 하고 묻는다면 나는 “열심히 살았다”고 대답할 것이다.

영혼이 육신과 이별할 때

영혼은 살아있는 사람의 육신에 깃들어 생명을 지탱해주는 기운이다. 삶의 원천이며 원동력이 되는 영혼의 존재를 두고 끊임없는 논쟁이 계속되고 있다. 무신론자들은 사후의 세계에 영혼은 없다고 하는 반면 유신론자들은 영혼의 존재를 믿고 있다. 영혼은 인간이 풀지 못할 영원한 수수께끼로 남을지도 모른다.

영혼의 세계는 존재하는 것일까? 영국의 물리학자 스티븐 호킹 박사(1952~2018)는 "천국이나 사후세계는 죽음을 두려워하는 사람들이 만들어낸 동화일 뿐"이라면서 영혼이 육신과 이별하고 나면 영혼은 육신을 따라 사라진다고 주장한다.

프리드리히 니체(1844~1900)는 '신은 죽었다'고 선언하면서 인간은 신에 종속하여 얽매인 삶을 영위해 왔으나 신의 죽음은 인간을 자유롭게 하고 인간의 가치 기준을 자유롭게 결정하게 했다고 말한다.

모든 존재는 생성과 소멸로 이어진다. 그러나 인간에게는 영혼이 있기 때문에 다른 생명체의 죽음과 다르며 육신이 사라져도 영혼은 남아 새로운 삶을 영위할 수 있다는 것이 종교계의 주장이다. 이에 대한 과학적인 근거로 임사체험(臨死體驗, near-death experience)을 내세운다.

미국 조지아 주의 정신과 의사 레드먼드 무디는 사망선고를 받은 후 소생한 환자 100명의 유체이탈 경험을 모은 '삶 이후의 삶'이란 책에서 사후의 체험을 기술하고 있다. 1975년 발간하여 300만부 이상 팔려 베스트셀러가 된 이 책에서 대부분의 임사체험자들은 "사망 후 자신의 육신을 보았으며 깜깜한 터널을 통과한 후 빛 속으로 들어갔고 이때 별천지에 온 듯 황홀한 느낌이었다"며 "터널은 이승에서 저승으로 가는 통로였고 빛 속의 별천지는 천국인 것 같았다"고 진술했다. 영혼이 있었기에 자신의 죽은 육신을 스스로 볼 수 있었다는 것이다.

과학적 입장에서 임사체험을 설명하는 사람들은 죽음이라는 큰 충격에 대한 생리적인 현상이라고 의미를 축소한다. 심장이 정지되면 뇌기능이 다하기 전 30초~3분 정도 측두엽과 대뇌에 발작이 일어나는 환각현상을 통해 유체이탈을 볼 수 있다고 말한다. 그럼에도 불구하고 임사체험은 현대 과학이 풀지 못하는 수수께끼로 남아 있다.

가톨릭교회는 2가지 이상의 기적을 행하는 것을 성인의 조건으로 삼고 있다. 2002년 인도의 한 여인은 테레사 수녀의 사진에서 빛을 보고 위암이 완쾌되었고, 2008년 다발성 뇌종양을 앓던 브라질의 시한부 남성은 테레사 수녀에게 기도를 올린 지 이틀 만에 완치되었다는 주장이 있은 후 가톨릭 사제단은 기적에 대한 검정을 거쳐 테레사 수녀 사후 19년 되는 해인 2016년 그녀를 성인의 반열에 올렸다.

우리는 흔히 무당의 굿에서 접신(接神)의 현상을 볼 수 있다. 무당은 굿을 하면서 신이 주는 주파수를 받으면 몰아지경 속에서 영혼과 말을 하거나 날카로운 작두 위를 걸을 수 있는데 작두가 날카로울수록 더 안전하게 걸을 수 있다고 한다.

과학으로 설명할 수 없는 일련의 일들로 인해 영혼의 존재를 부정하지 못하는 사람들이 많다.

찰스 다윈(1809~1882)은 1859년 발간한 '종의 기원'에서 인류의 조상은 유인원인 호모 사피엔스(homo sapiens)이며 오랜 기간에 걸쳐 진화하여 오늘에 이르렀다는 진화론을 기술하고 있다.

하느님이 흙으로 빚은 몸체에 영혼을 불어넣어 인간을 만들었다는 신의 창조론을 믿고 있었던 당시 영국에서 이 책이 출간되자 '지구가 태양 주위를 돌고 있다'는 갈릴레이의 지동설보다 더 큰 충격을 몰고 왔다. 진화론은 신과 영혼의 존재를 부정함으로써 신중심(神中心) 사고관이 인간중심(人間中心) 사고관으로 바뀌는 이론적 배경이 되었다.

과학자들은 우주는 137억 년 전 빅뱅(big bang)으로 일컫는 대폭

발로 탄생했기 때문에 애초부터 신은 없었다고 주장한다. 신이 없는 곳에 영혼불멸 사상이 있을 수 없다면서 창조론을 부정하고 다윈의 진화론을 지지하는 사람들이 늘어나기 시작했다.

유신론자들은 "우주는 어떻게 만들어졌는가? 인간은 어디에서 왔는가?"라는 질문에 대하여 여전히 "태초에 하느님께서 천지만물을 창조했다"는 성서에 답이 있다면서 진화론을 인정하지 않았다.

하느님의 가르침이 담겨있는 성서를 과학으로 설명할 수는 없다. 영혼의 존재도 마찬가지다. 영혼이 육체와 이별한 후의 문제는 과학이 아니라 신의 영역이기 때문이다.

삶의 풍속도

그 시대의 사회, 경제, 문화적 변화를 가장 잘 나타내고 있는 것은 관혼상제(冠婚喪祭)다. 예부터 우리는 유교사상에 입각한 관례, 혼례, 상례, 제례를 중시하였으나 오늘날에는 많이 달라졌다.

이중 급속히 변한 것은 결혼 풍속도다. 만혼(晩婚) 풍조가 깊숙이 자리 잡기 시작한 것이다. 60연도에는 남녀가 대부분 20대 초중반에 결혼했다. 결혼 연령이 점차 높아지더니 요즘은 남자 34세, 여자 31세로 60년 만에 10년 정도 높아졌다.

1972년 나는 30세, 아내는 27세에 결혼했을 때 주변에서는 늦깎이 부부라고 했는데, 요즘은 30대 중반에 결혼해도 예사이니 결혼 풍속도가 너무 변했다는 생각이 든다. 아예 결혼을 하지 않는 비혼(非婚) 풍조도 늘어나고 있다. 이혼은 하지 않고 서로 독립하여 살아가는 졸혼(卒婚)하는 부부도 더러 있다고 한다.

부부가 결혼하면 2명을 낳아야 현상유지가 되는데 1명이 안되니 문제다. 만혼 풍조는 첫째는 경제사정 때문이고, 여성의 사회참여가 늘어나면서 남성의존 탈피에 원인을 두기도 한다.

외국인과 결혼하는 사례도 늘고 있다. 외국인 배우자와의 결혼은 최근 10년 동안 매년 2만 건이 넘는다고 통계청이 발표했다. 결혼 건수가 한해 23만 건 정도이니 10쌍 중 1쌍은 외국 배우자와 결혼하는 셈이다. 국제화, 세계화에 따라 당연한 추세이지만 특히 농촌 총각이 동남아 지역 여성과 결혼하는 건수가 증가했다. 국제결혼이 늘어남에 따라 언어소통과 문화차이로 인한 이혼소송도 늘어나 사회문제가 되고 있다.

장례문화도 큰 변화를 가져왔다. 50~60년 전 만해도 화장(火葬)은 우리와 관계없는 먼 나라의 풍속으로 인식되었다. 1955년 5.8%인 화장률이 50%에 도달하기까지는 50년의 세월이 흘렀다. 그 이후 급속히 늘어 현재의 화장률은 85%로 일반화되었다.

화장률 증가는 1998년 폐암으로 사망한 SK그룹 최종현 회장과 2009년 사망한 노무현 전 대통령의 '화장 유언'에 영향을 받았다고 말하는 사람들이 많다.

화장 일반화의 근본원인은 좁은 국토에 매장의 한계가 드러나기 시작했고 묘지관리에 많은 문제가 있었기 때문이라는 분석이다.

조상에 대한 상제(喪祭), 의례(儀禮)도 많이 바뀌었다. 기제(忌祭)는 고인이 돌아가신 날, 장자(長子)나 장손(長孫)이 1년에 한 번 지내는 제사인데, 의례간소화에 영향을 받아 연 4~5차례의 제사를 1회로 줄여 한 번에 지내는 곳도 많아졌다. 종교적인 문제 등으로 39%의 가구는 제사를 지내지 않는 것으로 나타나고 있다.

과거에는 제사를 모시는 장남에게 상속이 많았으나 개정된 민법의 규정에 따라 아들, 딸 구분 없이 똑같은 지분으로 상속되자 형제간 재산분배, 제사를 두고 종종 다툼이 일어나기 시작했다. 이에 대한 해결방안으로 장남, 차남, 삼남의 순으로 돌아가며 제사를 지내거나 생선, 전, 나물류로 차림 상을 분담하여 제상을 차리기도 한다.

제사 시간은 자정이 넘어 지내는 것이 관례인데, 요즘은 저녁 무렵 일찍 지내는 집이 늘고 있다. 차례법도를 따지는 사람들은 초저녁 제사는 조상에 대한 예의가 아니라고 지적하기도 하지만 먼 거리에서 오는 가족과 직장인의 편의를 위해 용인되고 있는 실정이다.

나는 어릴 때 제사 밥을 한 번도 먹지 못해 아쉬워했던 기억이 지금까지 남아 있다. 자정까지 기다리지 못하고 잠을 자 쌀밥에 고기를 배불리 먹을 수 있는 기회를 놓쳤으니 아쉬울 수밖에 없었다.

명절이 되면 귀성을 포기하고 자기만의 시간을 갖는 사람이 크게 늘었고, 부모가 자녀를 찾아가는 역귀성도 이루어지고 있다. 최근 1인 가구의 증가 및 대체공휴일 제도의 시행으로 명절, 연휴가 되면 공항은 여행객들로 북새통을 이룬다. 바뀌고 있는 명절 풍속도의 한 단면이다.

삶의 풍속도는 많이 변했고 앞으로도 변할 것이다. 그 변화를 예측하기는 쉽지 않지만 번문욕례(繁文縟禮)를 피하고 실용적, 편의 위주로 변할 가능성이 높다.

나는 가족들에게 "제사는 손자 기준으로 3대 조상까지 1년에 한 번 지내도록 하고, 내 영혼의 안식처에는 명절에 관계없이 연1회 찾아줄 것"을 당부한 적이 있다. 여기에는 고독한 영혼이 되지 않기 위한 나의 바람이 담겨있다.

번뇌, 그 끝은

불면증은 나이에 비례하는가 보다. 나이가 들수록 불면증이 심해지고 있다. 잠자리에 든 후 일어나 보면 새벽 2~3시다. 마누라는 더 심하다. 새벽까지 잠자지 못하는 날이 많다. 신경안정제나 수면유도제를 먹어도 그때뿐이다.

잠을 이루지 못할 때는 번뇌가 꼬리를 문다. 살아 온 과거에 대한 후회, 앞으로 살아갈 일, 질병과 죽음, 사랑하는 사람들과의 이별에 이르기까지 온갖 생각이 나를 괴롭힌다.

"사는 게 뭐 별거 있더냐. 욕 안 먹고 살면 되지."

유행가 가사처럼 낙천적으로 살려고 해도 쉬운 일이 아니다. 번뇌의 주범은 탐(貪,탐내는 마음) 진(瞋,화내는 마음) 치(癡,어리석은 마음)다. 이것이 세상의 모든 근심 걱정 괴로움을 불러일으킨다.

인간 세상에는 108가지의 번뇌가 있다고 한다. 인간들은 번뇌의 고통을 벗어나기 위해 부처님 전에 108배, 1천 배, 1만 배 기도를 하면서 번뇌의 고통에서 벗어나 복을 내려달라며 기원하기도 한다.

사바세계(娑婆世界)에서 우리는 번뇌를 안고 살아간다. 히말라야 산 기슭의 카필라 왕국에서 태어나 부처가 된 싯다르타도 예외는 아니었다. 인간은 왜 늙고 병들고 죽음에 이르게 되는가? 삶의 고통에서 벗어나 편안함을 찾을 길은 없는가?

인간의 고통과 괴로움을 보고 자라면서 번뇌에 휩싸이게 된 그는 29세에 출가하게 된다. 설산을 헤매면서, 때로는 며칠씩 굶어가며 6년을 고행하다 보리수나무 아래에서 49일 간 깊은 사색을 하면서 깨달음을 얻는다. 그 후 석가모니 부처가 된 그는 45년 동안 설법, 교화로 중생을 구제하다 80세에 열반했다.

부처는 자신을 묶고 있는 모든 인연의 끈을 끊어 버리고, 탄생과 죽음의 악순환에서 벗어난 사람이다. 부처는 신이 아니라 깨달음을 얻은 사람이다. 기독교에서는 '전지전능(全知全能)한 주 예수 그리스도'라고 하지만 불교에서는 '대자대비(大慈大悲)한 부처님'이라고 말한다. 기독교는 구원을 받고 영생을 얻기 위해 절대신에 의지하지만 불교는 탄생과 죽음의 윤회(輪廻)에서 벗어나 해탈(解脫)이나 열반(涅槃)을 이루기 위해 부처님에게 귀의한다. 해탈하게 되면 번뇌와 고통이 없는 무(無)로 돌아간다고 한다. 번뇌의 끝은 해탈이다.

번뇌를 떨쳐내기가 얼마나 어려운지는 성철스님과 딸 불필(不必)스님과의 관계에서 증명된다. 8년 간 앉아서 자고 16년 간 솔방울과 쌀을 먹고 생식을 하면서 초인적인 수행을 통해 성불의 경지에 이르렀다는 성철 스님. 그는 임종 전 딸에게 유언을 남긴다. 이 유언에는 죽음에 이를 때까지 세속의 번뇌에 시달렸다는 것이 나타나 있다.

> "딸 필히와 54년을 단절하고 살았는데 임종시에 찾게 되었다. 필히야, 내가 잘못했다. 내 인생을 잘못 선택했다. 나는 지옥에 간다."

기독교는 사랑을, 불교는 자비를 근간으로 한다. 사랑과 자비를 다르다고 말하는 사람도 있으나 너와 나, 이웃을 사랑하고 포용하면서 더불어 사는 사회를 이룬다는 공통의 인식을 가지고 있다.

업장(業障)이 소멸되어야 번뇌가 없어지고 화가 복으로 바뀔 수 있다고 한다. 업장은 전생에서 이어오는 것으로 인과응보(因果應報), 자업자득(自業自得)의 의미를 내포하고 있다. 남에게 사랑과 자비를 베풀어야 나도 복을 받을 수 있다는 의미다. 대부분의 사람들은 기도를 할 때 '나의 자식' '나의 가정'에 복을 달라는 기복신앙(祈福信仰)에 치우친다. 이것은 부처님이나 하느님의 교리에도 맞지 않는 것이다. 나보다 우리라는 공동체를 위해 헌신하고 기여해 나가야 건강한 사회가 될 수 있다는 생각이 든다.

석진오 스님은 〈번뇌를 지닌 채 부처가 된다〉는 저서에서 "의례적인 종교보다 실제의 삶을 중시해야 된다"며 "부처가 아닌 인간은 누구나 번뇌를 가지고 있으므로 번뇌와 싸우지 말고 다스려 나가야 한다"고 강조한다. 번뇌는 근심 걱정 고통을 주지만 인간을 성숙하게 만들 수 있으므로 번뇌를 승화(昇華)할 수 있어야 한다는 것이 그의 지론이다.

불면의 밤이면 아쉽고 후회스러운 일들이 왜 그렇게 많이 생각나는지. 회한은 번뇌의 씨앗이 된다. 선인(仙人)들은 "마음을 비우고 허허롭게 살아야 한다"고 말하지만 아무리 비우려 해도 비워지지 않는 것이 마음이다. 세상사 복잡한 인연에 얽매이어 사는 사람들에게 마음 비우기가 그리 쉬운가.

서산대사(1519~1604)는 85세에 운명하기 전 다음과 같은 열반송(涅槃頌)을 남겼다.

> 삶이란 한 조각 뜬 구름 일어남이요
> 죽음이란 한 조각 뜬 구름 스러짐이라
> 뜬 구름은 본시 실체가 없는 것
> 나고 죽고 오고 감도 그와 같도다

삶이란 뜬구름같이 부질없다는 것을 읊은 말인데 번뇌도 뜬구름 같다는 생각이 든다.

명의

병을 잘 고쳐 이름이 널리 알려진 의사를 명의(名醫)라고 한다. 노래 잘 부르는 사람을 명창(名唱)이라 하고 뛰어난 장인(匠人)을 명장(名匠)이라 부르듯 의사로서 최고의 경지에 올라야 명의가 될 수 있다.

병만 잘 고친다고 명의가 되는 것은 아니다. 한 원로 의료인은 "명의가 되려면 그 분야를 대표할 만한 의술이 있어야 하고, 따뜻한 가슴으로 환자에게 희망과 용기를 심어 주면서 오랜 기간 건강증진과 의료발전에 기여해야 한다"며 명의의 기준을 제시했다.

의학전문지 포브스가 2009년 우리나라 100대 명의를 선정했다. 흔한 질병 20가지를 중심으로 의학회 및 의학 전문기자의 추천과 각종 논문 실적 등을 심사하여 명의를 결정했다고 한다. 선정된 명의들은 대학병원의 교수 중심이었고, 환자들의 의견이나 사회적 기여도 등이 반영되지 않아 정작 포함되어야 할 사람이 제외되었다는 의견이 많아 명의 선정을 둘러싸고 뒷말이 무성했다.

수많은 의사 가운데 명의의 수를 제한하여 선정하다 보니 아무리 엄격한 잣대를 들이대어도 세인들에게 납득할 만한 결과를 주기는 어려웠을 것이다.

명의의 자리는 가문의 영광이 되는 동시에 사회 · 문화적 자산으로 인정되고, 사람들의 존경을 받게 된다.

시대를 거슬러 올라 명의를 꼽으라면 선조, 광해군에 걸쳐 동의보감을 만든 허준(許浚)을 들 수 있을 것이다. 허준(1539~1615)은 양반가문에서 서출로 태어나 벼슬길에 오르지 못하고 중인 신분인 의관(醫官)이 되어 20대에 의술로 이름을 떨쳤고 30대에 어의(御醫)로 선임되었다.

그는 1596년 왕명을 받아 1610년까지 14년에 걸쳐 동의보감을 완성하였고, 한방을 쉽게 풀어 쓴 언해태산집요(諺解胎産集要) 등 3권과 전염병 전문의서, 학습용 의학 교서를 만들어 의학의 발전과 체계화에 기여했다.

화타(華陀 145~208)는 명의(名醫)를 넘어 신의(神醫)로 존경받는 인물이다. 자신이 개발한 마취제인 마비산(痲沸散)을 사용하여 1800년 전 최초의 개복수술에 성공하였고, 침술과 수술의 달인으로 이름을 떨쳤다. 조조의 머릿속에 종양이 있는 것을 알고 머리를 쪼개 수술하려 하자 해치려 한다는 의심을 받아 죽임을 당했다. 자신의 의술을 집대성한 청낭경(青囊經)을 옥리가 불태워 버렸다고 전해진다. 그는 최고의 명의로서 존경 받았지만 곤궁하고 핍박받는 삶을 살다 갔다.

역사적인 인물이 아니더라도 우리 주변에는 숨어있는 명의가 많다는 생각이 든다. 내가 척추디스크에 협착증으로 고생하면서 이 방면의 이름난 의사 5~6명을 거쳤으나 효과를 보지 못했고 시술(施術)이나 수술(手術)을 생각하게 되었다. 마지막으로 지인의 권유로 모 외과를 찾게 되었는데 원장의 자상한 설명과 함께 주사 4대를 맞고 일상생활에 지장을 받지 않을 만큼 호전되었다. 5~6백만 원의 수술경비를 기만 원으로 해결했으니 경비도 절감되었고 후유증도 겪지 않았으니 이 사람이 명의라는 생각이 들었다.

이름난 외과의도 수술하지 않고는 방법이 없다는 척추디스크와 협착증을 변두리 외과의가 고칠 수 있었던 것은 자신만의 노하우가 있었기 때문이다. 이 병원에서 척추를 고친 사람들이 “앞으로 선생님이 안 계시면 어떻게 하지요?”하고 물으니 “아들에게 노하우를 전수할 테니 걱정하지 마세요”라는 말이 이를 뒷받침한다.

현대의학은 신약이나 새로운 수술, 치료법이 개발되면 의학 전문지와 홍보매체를 통해 신속히 알려 실용화하게 된다. 그러나 가문의 비법으로 전해오는 치료법은 비밀로 하는 경우가 많다. 내가 맞은 디스크 주사도 이런 범주에 포함될 것이다.

인간과 질병은 쫓고 쫓기는 관계라고 한다. 사람이 사는 곳에는 항상 질병이 따라다니고 새로운 병이 나타난다. 병은 자연발생적으로 생기는 것일까? 과거에 몰랐던 병이 새로 밝혀지고 있는 것일까?

현대의학은 많은 난제를 해결했지만 아직 그 끝은 보이지 않고 있다. 난공불락으로 인간에게 많은 고통을 안겨 주었던 난치병은 의술의 발전으로 점차 극복되어 가고 있다.

"불치병은 없다. 단지 치료가 늦어질 뿐이다"는 말이 이를 뒷받침하고 있다. 우리의 평균수명도 과거 50~60세에 불과한 때가 있었으나 이제 80세를 넘어서고 있다.

의술은 인술(人術)이 아니라 인술(仁術)이다. 사람을 치료하면서도 사람 인(人) 대신 어질 인(仁)을 쓰는 것은 "따뜻한 가슴으로 베풀어야 한다"는 공자의 핵심 사상이 포함되어 있기 때문이다.

사람의 생명을 다루는 의료행위는 인(仁), 의(義), 예(禮), 지(智)가 근간이 되어야 한다. 지나친 영리위주의 의료행위는 배제되어야 함에도 현실은 그렇지 않다. 의과대학의 졸업식에서 "나는 환자의 건강과 생명을 위해 나의 능력과 판단을 사용할 것이며 어느 누구에게도 해가 되는 행동을 하지 않겠다"는 히포크라테스 선서를 하지만 이를 제대로 실천하는 의료인은 찾기 힘들다.

의례적인 처방보다 환자들에게 희망과 용기를 심어주고, 인간의 존엄성을 중하게 여기는 명의가 많이 나오기를 기대한다.

늙어가는 것

세월은 잡으려 한다고 잡히거나 막으려 한다고 막히지 않는다. 가는 세월 잡지 말고 오는 세월 막지 말라는 속담은 세월을 한탄하지 말고 순리대로 살아가라는 뜻을 가지고 있다.

산수(傘壽)가 다 되었으니 인생길 10부 능선 중 9부 능선쯤 지났다. 뒤돌아보니 손에 잡히는 게 아무것도 없다. 백년도 살기 힘든 세상, 천년이나 살 것처럼 아등바등 살아왔는지 모르겠다.

노랫말 속에 '우린 늙어가는 것이 아니라 익어간다'는 구절이 있다. 익어간다는 것은 지혜롭고 성숙해진다는 의미다. 땀 흘리지 않고 풍성한 가을을 기대할 수 없듯 끊임없는 노력과 도전으로 자기의 인생을 성숙하게 만들어야 한다는 뜻을 담고 있다.

철학자 김형석 교수는 "인생의 황금기는 60세~75세이지만 90세가 넘은 후에도 늙었다고 생각해 본 적은 없다"고 말한다. 101세인 지금도 도전을 계속하고 있는 그는 아직도 바쁜 현역이다. 며칠에 한번 씩 강연을 하거나 신문 기고 활동을 계속하고 있다.

그는 "도전하는 사람은 늙지 않는다"며 "퇴직은 또 다른 도전을 필요로 하는 새로운 인생의 출발점이다"고 강조한다.

나이 많은 사람이 도전하는 것은 쉬운 일이 아니다. 용기가 있어야 하고 자금과 경험, 건강이 뒷받침되어야 한다. 천시(天時)와 인시(人時)가 맞아야 도전에 성공할 수 있다는 사람도 있다. 답답한 마음에 덤벙대다 쪽박 차기 일쑤다.

코로나19로 불황이 오래 계속되고 40~50대에 실직하는 사람이 많다보니 성공에 대한 풍자적 비유도 많이 나오고 있다.

"10대에 돈 많은 아버지 뒀으면 성공한 인생이다."
"60대가 넘도록 직장에 있으면 성공한 인생이다."

재산이 많고 지위가 높은 사람이 성공한 사람인가? 성공은 늙고 젊음, 재산 유무, 지위 고하에 좌우되지 않는다. 국가와 사회에 대한 공헌이나 기여도에 따라 결정된다.

서울 동대문구 청량리에 사는 김영석(91), 양영애(83)씨 부부는 손수레 노점으로 시작하여 평생 모은 400억 원의 재산을 가난한 학생들을 위해 내놓았다. 초등학교 졸업장도 없는 김씨는 광복 후 혼자 월남하여 남의 머슴살이를 하다 아내를 만나 30년 간 서울 종로 5가에서 과일을 팔았다. 교통비를 아끼려 매일 한 시간씩 걸어 도

매시장에서 과일을 사왔고, 밥은 근처 식당일 도와주고 얻어먹으며 돈을 모았다. 이 부부는 구두쇠 소리를 들으며 어렵게 마련한 청량리 일대의 땅과 건물 8채를 고려대에 기부했다. 뇌경색과 유방암을 각각 앓고 있는 노부부는 "죽을 날이 얼마 남지 않았는데 가정 형편이 어려운 학생들을 위해 돈을 쓸 수 있어 기쁘다"고 말했다.

무학력에 사회적 지위도 없지만 2세 교육을 위해 거금을 희사한 이 부부가 성공한 삶을 살았다는데 이의를 제기할 사람은 없을 것이다.

나는 청운의 꿈을 안고 20대 초 고향을 떠났으나 성공과는 거리가 먼 삶을 살아왔다. 되돌아보면 어린 시절은 배고픔까지 아름다운 추억으로 남는다. 겨울이면 무리지어 고향 마을을 찾아오는 갈까마귀 떼, 발가벗고 뛰놀던 냇가, 보리밭의 종달새, 봄날 아련히 피어오르는 아지랑이도 그리움의 대상이다.

인생길 황혼에는 서글픈 일이 왜 그리 많은지. 주름이 깊어가니 서글프고 뒷방 늙은이 신세가 되니 서글프다. 아등바등 지나온 세월을 돌아보면 후회스러운 일도 많다. 나쁜 기억은 모두 없애버리고 좋은 기억만 가지고 싶다.

늙게 되면 정신적으로나 육체적으로 기능이 퇴보한다. 성격이 감성적으로 변하고 불면증과 퇴행성 질환이 따라다닌다. 잠을 잘 이루지 못하니 스트레스가 쌓이고 매사에 소극적이 된다. 나는 퇴직 후 한동안 사회생활에서 배제되는 느낌을 견디기 어려웠고 카뮈의 이방인처럼 소외된 삶을 살아야 했다.

아름답게 늙기를 바라지 않는 노인은 없다. 아름답게 늙기 위해서는 신체적, 경제적, 정신적인 면이 조화를 이루어야 한다. 물질적으로 풍요로워도 건강하지 못하면 소용이 없고, 호의호식하면서 살아도 정신적으로 건강하지 못하면 불행한 삶이 될 것이다.

아름답게 늙는 것과 아름답게 죽는 것은 별개의 것이 아니고 동전의 양면과 같은 것이다. 아름답게 늙어갈 수 있다면 아름답게 죽을 수 있다는 생각이 든다.

프랑스의 소설가이자 노벨 문학상을 수상한 앙드레 지드는 "사람이 아름답게 죽는 것(well dying)은 어렵다. 그러나 더 어려운 것은 아름답게 늙어가는 것(well aging)"이라고 말했다.

늙어가면서 지혜롭고 성숙해지는 것이 아니라 불안하고 초조해진다. 현실에 만족하며 살아야 하는데 그렇지 못하기 때문이다. 물같이 바람같이 살라하지만 그게 어디 쉬운 일인가.

사주팔자

사람의 운명(運命)은 태어날 때 정해지는 것인가? 후천적으로 정해지는 것인가? 참으로 어려운 질문이다. 운명은 태어날 때의 사주팔자에 의해 정해지는 것으로 인간의 의지로는 바꿀 수 없다는 것이 운명론자(運命論者)들의 주장이다. 그러나 사주명리학자(四柱命理學者)들은 "사주팔자는 바뀌지 않지만 후천적인 노력에 따라 운명을 바꿀 수 있다"는 명제(命題) 아래 길흉화복을 판단한다.

사주팔자(四柱八字)의 사주(四柱)는 사람이 태어난 연월일시(年月日時)라는 4개의 기둥을, 팔자(八字)는 8개의 글자를 의미한다. 4개의 기둥마다 2개의 간지(干支)를 가지고 있어 8자가 된다.

간지(干支)는 천간(天干)의 간(干)과 지지(地支)의 지(支)를 합한 말이다. 천간(天干)은 하늘의 기운에 해당되는 갑을병정무기경신임

계 (甲乙丙丁戊己庚辛壬癸) 10자를, 지지(地支)는 땅의 기운에 해당되는 자축인묘진사오미신유술해(子丑寅卯辰巳午未申酉戌亥) 12자를 말한다. 천간과 지지가 처음 만나는 갑자(甲子)부터 마지막 만나는 계해(癸亥)까지 60갑자가 되는데 이를 육갑(六甲)으로 줄여 표현하기도 한다.

'팔자가 좋다'는 것은 좋은 간지(干支), 말하자면 하늘과 땅의 기운을 받아 좋은 날, 좋은 시에 태어나 복을 누리며 잘 살고 있다는 말이다.

통계에 의하면 전 국민의 70%는 사주를 본 경험이 있다고 한다. 법조계, 정치계, 경제계 사람들의 상당수는 사주팔자를 신봉하는 것으로 알려지고 있다.

시험에 합격할 운이 있는가? 국회의원에 당선될 수 있을까? 새 사업은 잘 될 것인가? 사람들은 미래에 대한 불안감을 안고 용하다는 관상가나 이름 있는 철학관을 찾는다. 제왕절개로 출산하는 사람들은 가장 좋다는 시간을 택하여 출산하기도 한다.

사주명리학에 따르면 사주팔자는 태어난 시점의 음양오행에서 결정된다. 음양의 음은 달(月)을, 양은 태양(日)을 말하며, 오행(五行)은 태양 주위를 도는 다섯 행성(行星)인 목성(木), 화성(火), 토성(土), 금성(金), 수성(水)이다. 수많은 행성 중 이 7개의 별들은 지구와 인간의 길흉화복에 영향을 주고 있기 때문에 이를 연구하는 명리학은 단순한 점술이 아니라 학문으로 분류된다.

서울 서경대학원 동양철학과, 원광디지털 대학교 동양학과, 동국

대 명리학과, 부산 과학기술대 풍수명리복지과는 음양오행을 연구하는 학과들이다.

조선시대 중인(中人)들의 과거시험에는 잡과(雜科)인 음양과(陰陽科)를 두어 3년에 한 번씩 시험을 치러 인재를 등용했다. 이 과거시험에는 사서삼경의 하나인 주역(周易)이 반드시 출제되었고, 인재등용 시에는 그 사람의 팔자를 분석했다.

고려 후기 공민왕이 이성계를 등용하려 할 때 역관들의 의견이 둘로 나뉘었다고 한다. 새 나라의 왕이 될 사주를 가지고 있으므로 절대로 등용해서는 안 된다는 의견과 전형적인 무사로 나라를 위기에서 구할 상이므로 반드시 등용해야 한다는 주장이 맞섰으나 결국 왕은 그를 등용했다. 그는 기대에 어긋나지 않게 외적을 물리쳐 나라를 위기에서 구했으나 위화도에서 회군하여 고려를 몰락시키고 이씨조선을 건국했다.

과거사를 들추지 않더라도 최근까지 대기업 삼성에서는 역술가를 통해 수험생의 관상을 보고 채용여부를 결정했다는 것은 널리 알려진 사실이다.

운명은 후천적인 노력에 의해 바꾸어질 수 있지만 바꿀 수 없는 운명을 숙명이라고 한다. '바보 온달과 평강 공주' 일화에서 보면 울보 평강공주는 고구려 25대 평원왕인 아버지의 뜻을 거스르고 홀어머니 밑에서 자란 온달을 찾아가 결혼한다. 공주와 결혼한 온달은 심기일전하여 글을 배우고, 무예를 익혀 늠름한 대장부로 변신한다. 마침내 나라에서 벌인 사냥대회에서 가장 많은 짐승을 잡아 온달이 우승자가 되자 왕은 그를 사위로 인정하게 된다. 이후 뛰어난 전공을 세운 온달은 고구려의 이름난 장군이 되지만 신라에게 빼앗긴 이단성을 찾기 위한 싸움에서 화살에 맞아 죽고 만다. 온달은 공주를 만난 후 운명이 바뀌었지만 싸움터에서 죽게 되는 숙명은 바꿀 수 없었다.

명(命)에는 태어날 때 가지고 나오는 명운(命運)과 태어난 후 변하는 신운(身運)이 있어 한날한시에 태어난 사람도 각기 다른 삶을 산다고 한다. 통계에 따르면 삶에 영향을 미치는 3가지 변수는 가문, 후천적 노력, 외모다. 이중에서 가장 큰 영향을 주는 변수는 가문으로 50%를 차지하고, 나머지는 후천적 노력 25%, 외모 10%, 기타(이름, 상호, 친구 등) 15%로 나타나고 있다.

가문은 태생을 의미한다. 금수저, 은수저 또는 흙수저인가에 따라 삶의 형태가 판가름 난다는 말이다. 온달이 평원왕에게 발탁되어 고구려의 이름난 장군이 된 것은 본인의 뛰어난 자질에다 후천적 노력이 더하여 이루어진 것이지만 왕의 사위가 아니었으면 힘들었을 것이라는 평가도 나오고 있다. 온달은 평강 공주와 결혼을 하면서 금수저 반열에 올랐다는 것이다. 재벌의 아들이 다시 재벌이 되고 유명 정치가의 아들이 아버지의 후광을 업고 정치가가 되는 것도 같은 맥락이다.

과거나 지금이나 태생에 따라 삶의 형태가 결정되는 것은 어쩔 수 없는 현상이지만 우리가 주목해야 하는 것은 후천적 노력으로 금수저 반열에 오른 사람들이다. 이들은 태생의 한계를 극복하고 자신의 운명을 스스로 개척했기 때문이다.

비움과 채움

비움은 채움의 전 단계이다. 비워야 채울 수 있다. 비움과 채움은 상호 보완관계이다. 곳간을 재물로 가득 채운 사람을 성공했다고 하는 것은 잘못이다. 불우한 이웃을 위해 채운 곳간을 비울 줄 아는 사람이 성공한 사람이다.

성현들은 "채우고자 한다면 먼저 비워라"고 말한다. '텅 빈 충만'이란 표현으로 무소유 사상을 펼친 법정 스님은 "털어내고 비워낸 끝에 얻은 충만은 빼셈이 지닌 아름다움의 극치"라면서 비움을 강조한다.

계영배(戒盈盃)는 잔의 7할 이상을 채우면 술이 모두 밑으로 흘러내려 '가득 참을 경계하는 잔' 또는 '인간의 과욕을 경계하는 상징물'로 사용되기도 한다. 강원도 홍천의 우명옥이라는 도공이 액체가 중력의 작용에 따라 낮은 곳으로 빠져나가는 원리를 이용해 이 잔을 만들어 스승에게 진상한 것이 계영배의 유래가 되었다고 전해진다. 스승은 잔에 술을 가득 부었으나 술은 사라지고, 7할쯤 붓자 술이 남아있어 절주의 교훈으로 삼았다. 그 후 이 술잔은 조선시대 의주 거상 임상옥에게 넘겨졌는데 그는 이 잔을 항상 옆에 두고 과욕을 절제하면서 큰돈을 모았다고 한다.

지금 우리에게 필요한 덕목은 절제와 화합이다. 정파의 이익에 부합하지 않으면 극한 대립으로 치닫는 국민의 대표기관이나 다수의 힘으로 밀어붙이는 노조는 국민을 불안하게 하고 우리 경제를 더 어렵게 만드는 요인이 되고 있다.

우리는 조선시대부터 노론, 소론, 남인, 북인으로 일컬어지는 사색당파로 인해 국론이 극도로 분열된 경험을 가지고 있다. 외침으로 나라의 운명이 풍전등화처럼 위태로울 때도 당파싸움으로 날을 지새우다 임진왜란 때는 선조가 왜군에게 쫓겨 의주로 몽진을 했고, 병자호란 때는 인조가 적에게 무릎을 꿇는 수모를 당하기도 했다.

시대가 변해도 정파 간의 이해 다툼이나 노사 간의 알력이 도를 더해 가고 있다. 자파의 이익에만 집착하는 집단 이기주의는 국가를 멍들게 하고 이로 인한 피해는 고스란히 국민의 몫이다. 가득 채워 넘치는 것보다 조금 덜 채우는 계영배의 교훈을 오늘날 되새길 필요가 있다는 생각이 든다.

비움의 미학은 은혜가 되어 돌아오기도 한다. 전라도 구례에 류씨들 고택인 아흔아홉 간인 운조루(雲鳥樓)는 6 · 25 전란에도 불타지 않고 살아남았다. 빨치산 본거지가 있었던 지리산 일대의 소위 부르주아라 일컫는 부잣집 양반들은 빨치산에 의해 죽거나 가옥이 불에 탔지만 이곳은 아무런 피해를 입지 않았다.

쌀뒤주와 노비 해방 때문이다. 이곳 주인은 사랑채 쪽 헛간에 쌀 2가마 반이 들어가는 뒤주를 두고 그 아래에 가로, 세로 10cm 정도의 구멍을 낸 후 열고 닫는 마개를 했다. 이 마개에는 누구라도 열어 쌀을 가져갈 수 있다는 타인능해(他人能解)라는 글과 주석을 붙여 놓았고 집 주인은 열흘에 한 번씩 쌀뒤주를 채워두었다고 한다.

이후 운조루 이름은 지리산 일대에 널리 퍼졌다. 여순반란 사건 때 반란군 주모자인 김지회(金智會)가 군경 추적을 피해 지리산에 들어가면서 다른 지주나 집안사람들은 죽였지만 여기는 그냥 지나쳤다.

운조루가 불타지 않은 또 하나의 이유는 노비해방이다. 노비제도는 없어졌지만 이곳에 딸린 25가구의 노비와 100여 명이 넘는 사람들은 여전히 주인집에 복속되어 있었다. 이곳 주인은 1944년 노비들을 해방시켰다. 6 · 25 발생 후 많은 좌익 세력과 공비들이 지주와 부자 징벌에 앞장섰으나 이곳에는 손을 대지 못했다. 해를 끼치려는 기미가 보이면 쌀뒤주의 구휼로 배고픔을 견디어 낸 사람들과 운조루에서 해방된 노비들이 앞에 나서 “그 집에는 절대로 손대지 마라”며 막았기 때문이다.

논 99마지기를 가진 사람이 100마지기를 채우기 위해 1마지기 가진 사람의 논을 빼앗으려고 한다는 말이 있다. 50년대 지주들의 횡포가 심했던 시기에 운조루 주인은 어려운 사람들을 대상으로 비움의 미학을 실천하여 전란에도 살아남을 수 있었다.

속빈 강정이라는 말이 있다. 겉만 번지르르 하고 머리는 비어있는 사람을 빗대어 하는 말이다. 자기 일은 제대로 하지 않으면서 남을 비방하고 험담하는 사람들이 이 부류에 속한다.

4군자 중 하나인 대나무는 속이 비어도 지조와 절개를 상징하는 나무로 사랑을 받는다. 대나무의 속이 빈 이유는 줄기 벽을 이루는 바깥 조직은 빠르게 성장하는데 반해 속 조직은 성장을 이루는 세포분열이 늦게 일어나 나타나는 현상이다. 대나무는 속을 비웠기 때문에 센 강풍에 흔들릴지언정 부러지지 않는다.

채우기만 해서는 안 된다. 비울 줄도 알아야 한다. 그것이 세상을 슬기롭게 사는 지혜다.

현대판 고려장, 요양원

살아 들어가 죽어야 나오는 곳, 완치되어 제 발로 걸어 나오는 사람이 한 사람도 없는 곳, 요양원을 일컫는 말이다. 그래서 요양원을 현대판 고려장이라 한다.

고려시대 울릉도에 효심이 지극한 아들이 어머니를 모시고 살았다. 어머니가 일흔 살이 되자 고려장을 하기 위해 어머니를 지게에 지고 산속으로 향했다. 깊고 험한 길이라 몇 번씩 쉬면서 가는데 어머니는 쉴 때마다 나뭇가지를 꺾어 길가 눈에 띄는 곳에 놓았다. 목적지에 도착한 아들이 어머니를 두고 집으로 가려하자 어머니는 "길을 잃기 쉬우니 나뭇가지 놓인 곳을 따라 가거라"고 말했다.

집에 온 아들이 아내에게 나뭇가지 이야기를 하자 아내는 국법을 어기더라고 다시 모시자고 하여 어머니를 지고 내려와 천수가 다할 때까지 봉양했다. 이 일이 임금에게 알려지자 어명을 내려 고려장을 없앴다는 이야기가 전해져 온다.

고려장은 구전되어 오는 설화이거나 전설일 뿐이다. 충효를 중히 여기는 우리에게 있을 법한 이야기는 아니다. 효를 근간으로 하는 한국의 전통적인 윤리관을 무너뜨리기 위해 일제 식민 통치자들이 중국의 전설을 우리 것인 양 둔갑시켰다는 것이 역사학자나 민속학자들의 말이다.

오히려 나라에서 장수(長壽)노인의 행복을 축원해 준 사료(史料)가 여러 곳에서 발견되고 있다. 통일신라시대부터 조선시대에 걸쳐 칠순(七旬)이 되면 나라에서 국장(國杖)을 내리고, 팔순(八旬)이 되면 명아주로 만든 지팡이 청려장(靑藜杖)을 하사했다는 기록이 있다.

이 전통에 따라 10월 2일 노인의 날을 맞아 100세 되는 상수(上壽)의 노인에게 청려장을 주는 자치단체도 있고, 효자효부 표창 등 노인을 기리는 다양한 행사를 하기도 한다.

복지시대를 맞아 노인 전문시설인 요양원, 요양병원들이 우후죽순처럼 생기고 있는 현실을 보면서 효의 의미를 되새겨 본다.

뇌졸중, 파킨슨씨병, 치매, 중풍 등 불치의 병을 가지고 있는 노인들은 요양원에 한번 들어가면 살아서 나오기 어렵다. 그래서 요양원은 중병에 걸린 노인들의 종착역으로 불린다.

자식들은 요양원에 부모를 두고 오면서 '치료를 앞당길 수 있다' '자주 뵈러 오겠다'는 말로 위로하지만 돌아올 수 없는 강을 건너는 부모의 공허한 마음을 무엇으로 달랠 수 있으리. 노인들은 입소 후 '집에 가고 싶다' '가족들이 보고 싶다'는 말을 자주 하지만 세월 따라 이 말도 가슴 속에 묻어 버리게 된다. 요양원에 버려진 어느 어머니의 일기

장에 적힌 '아들에게 보내는 편지'는 우리의 가슴을 아프게 한다.

사랑하는 아들에게

미안하구나, 아들아. 늙으면 죽어야 하는데 모진 목숨, 병든 몸으로 살아 네게 짐이 되는구나. 일찍 네 애비만 여의지 않았어도 땅 한 평 남겨 줄 형편은 되었을 터인데…. 못나고 못 배운 주변머리로 가난만 물려주었구나.

어지러운 아파트 꼭대기에서 새처럼 갇혀 사느니 친구도 있고 돌보아 주는 사람도 있는 여기가 나는 편하단다. 말라비틀어진 젖꼭지 파고들던 손주 녀석 보고 싶은 것쯤이야 마음 한번 삭혀 참고 살지.

행여 에미 혼자 버려두었다고 아프게 생각 말거라. 네 녀석 착하디착한 심사로 마음 다칠까 걱정이다. 삼시 세끼 주는 밥에 약도 잘 먹고 있으니 에미 걱정일랑 아예 말고 네 몸이나 잘 돌보아라.

살아생전에 네가 가난 떨치고 사는 것 한 번만 볼 수 있다면 나는 죽어도 여한이 없다. 아들아, 너만 행복할 수 있다면 여기가 지옥이라도 나는 족하다. 사랑한다, 아들아.

효의 기본은 부모와 가까이 하는데 있다. 어버이 친(親)의 한자 풀이는 어머니가 시골 장날 저녁 무렵 나무(木) 위에 올라서서(立) 멀리 바라보며(見) 장에 간 아들을 기다리는 애틋한 심정을 나타낸다. 아들은 너무 송구스러워 어머니를 등에 업고 집으로 돌아온다. 한자는 이것을 효도 효(孝)로 표시한다. 늙을 노(老) 밑에 아들 자(子)는 어머니를 업고 가는 아들의 모습이다.

하루 종일 밭에서 죽어라 힘들게 일해도
어머니는 그래도 되는 줄 알았습니다
찬밥 한 덩이로 부엌에서 점심을 때워도
어머니는 그래도 되는 줄 알았습니다

— 심순덕, 「어머니는 그래도 되는 줄 알았습니다」 에서

이 시는 어렵게 자식을 키운 70~80대 어머니의 모습을 담고 있다. 부모는 온갖 역경을 참고 견디면서 자식을 키우지만 성장한 자식들은 당연한 결과로 받아들인다. 부모와 자식과의 관계를 불가근불가원(不可近不可遠)이라는 말로 표현하는 사람들도 있다. 자식과 적당한 거리를 두고 살아야 한다는 의미를 담고 있지만 전통적인 가족관계가 붕괴되고 있는 오늘날의 세태를 반영하는 말로 해석되기도 하다.

백년해로(百年偕老)는 부부가 평화롭게 살다 같이 떠난다는 의미다. 현실적으로 불가능한 말이고 어느 한 쪽은 먼저 저 세상으로 가야 한다. 나는 마누라를 요양원이나 요양병원으로 보내지 않겠다고 한 적이 있다. 내가 마누라보다 오래 살아야 가능한 일이다. 요양사의 도움을 받으며 시한부 생명을 사는 곳은 싫다.

마누라는 텃밭이 딸린 시골에서 살고 싶다고 한다. 건강이 담보될 때의 이야기다. 늙고 기력이 떨어지면 시골 생활도 쉽지 않다. '구구 팔팔 이삼 사'라는 말의 의미는 99세까지 88하게 살다 2~3일 아프다 죽었으면 좋겠다는 뜻으로 해석된다. 오래 사는 것이 좋은

것은 아니다. 삶의 질이 담보되지 못하는 장수는 재앙이 될 수 있다. 짧은 기간 반짝 아프다 가는 것이 나와 마누라의 바람이다. 요양시설에 입소하여 구차하게 생명을 연장하고 싶지 않다.

제 3 장

찬란했던 벚꽃은 지고

천 원의 가치

천 원은 지폐의 최소 거래단위로 사용용도가 극히 제한적이다. 구입할 수 있는 물건도 많지 않다. 버스와 전철을 타기에도 모자라고 동네 식료품 가게에서 콩나물을 구입하려 해도 천 원 어치는 잘 팔지 않는다.

코흘리개 손자에게 세뱃돈 천 원을 주면 인색한 할아버지로 낙인 찍힌다. 명절 세뱃돈도 "남자보다 여자가 그려져 있는 돈을 달라"는 어린이들이 많다고 한다. 천 원, 5천 원, 만 원 지폐에는 남자(퇴계 이황, 율곡 이이, 세종대왕)가 그려져 있고, 고액권인 5만 원 지폐에는 여자(신사임당)가 그려져 있기 때문이란다. 세뱃돈은 주머니 사정에 따라 다르겠지만 최소 만 원이고, 5만 원은 주어야 체면이 선다고 말하는 할아버지도 있다.

2018년 상반기 중 물가는 1.4%로 비교적 안정적이라고 통계청이 발표했다. 그러나 주부들이 말하는 시장 물가는 발표와 다르다. 5만 원을 들고 장보러 가면 몇 개 구입하지 않아 바닥이 나버린다고 하소연하는 주부들이 많다. 생필품 값이 그만큼 올랐다는 것이다.

장바구니 물가에 비상이 걸린 주부들에게 시장에서 천 원으로 구입할 수 있는 물건에 대해 말해 달라고 하면 "요즘 물가에 천 원으로 살 수 있는 물건이 어디에 있느냐?"며 세상 물정을 잘 모르는 사람이라고 질책 받을 수 있다.

천 원의 가치를 그렇게 평가 절하할 일도 아니다. 눈여겨보면 한 잔에 천 원 하는 커피점도 어렵지 않게 찾을 수 있다. 모 프랜차이즈 대표가 천 원짜리 커피를 팔아 대박을 냈다는데, 여기에 자극을 받아 이곳저곳에 값싼 커피점이 생겼기 때문이다.

천 원 김밥, 천 원 국수, 천 원 자장면 등 천 원짜리 식단이 등장하여 많은 사람들이 즐겨 찾는다는 보도가 있었고, 일부 시군에서 천 원 버스, 천 원 택시까지 운행되고 있는 것을 보면 천 원은 결코 허투루 여길 돈이 아니다.

천 원을 주고받는 거래에는 서민들의 삶이 녹아있고 애환과 눈물이 깃들어 있다. 천 원이면 고된 하루를 마친 근로자가 선술집에서 막걸리 한 사발을 마실 수 있고, 독거노인이 연탄 한 장을 구입하면 하룻밤을 따뜻하게 보낼 수 있다. 할아버지, 할머니가 줌치에 꼬깃꼬깃 넣어 두었던 돈으로 칭얼대는 손자의 입막음을 한 돈도 천 원이었다. 위정자나 정책 입안자들이 삶의 현장을 자주 살펴보고 천 원의 소중함을 느끼면서 정책을 입안했더라면 서민들의 삶은 더 나아졌을지 모른다.

동남아 지역으로 여행을 하면 우리 돈 천 원의 가치를 실감할 수 있다. 대만이나 베트남에서 아침식사로 인기 있는 또우장이나 쌀국수는 1~2천 원 정도다. 도우미 팁도 우리 돈 천 원이면 만족해한다.

지난 5월 베트남 다낭을 방문하니 잡화상 곳곳에서 한국 사람들에게 인기 높은 부엉이 가방을 팔고 있었다. 부엉이 한 쌍을 가방 앞뒤에 수놓은 이 가방은 크기에 관계없이 1개 천 원인데, 바느질이나 손잡이도 튼실하게 만들어져 우리 돈의 값어치를 실감할 수 있었다.

나는 시중에서 가장 많이 유통되는 돈은 천 원이나 만 원 권 지폐로 생각하고 있었다. 알고 보니 5만 원이었다.

한국은행의 발표에 의하면 시중에 유통되는 지폐 3장 중 1장은 5만 원이고 거래금액의 80%는 이 지폐가 담당한다고 한다. 고액권인 5만 원권이 발행된 후 거래가 편리해진 점도 있으나 소액권인 천 원짜리나 동전의 유통을 줄이고, 물가상승을 유발하여 돈의 가치를 떨어뜨렸다고 말하는 사람들도 있다.

5만 원은 천 원으로 바꾸면 50장이고, 1개 천 원 하는 연탄 50장을 살 수 있는 돈으로 서민들이 쉽게 만져볼 수 있는 돈은 아니다.

이 돈은 시중 유통과정에서 사라져버리는 속성을 갖고 있다. 경조금, 축의금, 세뱃돈으로 애용되기도 하지만 지하경제에서 도박, 뇌물, 비자금 같은 불법자금으로 유통되거나 장롱 밑으로 숨어 버리기도 한다. 김제의 마늘밭에 숨겨놓은 도박 수익금 110억 원(5만

원 다발 22만장)은 형체 없는 돈의 대표적인 사례다.

과거 토큰으로 버스 요금을 지불하던 시기에 승차 후 계산하려고 하니 호주머니에 토큰이 한 개도 없었다. 지갑을 뒤지니 공교롭게도 천 원짜리는 하나도 없고 만 원짜리 몇 개만 있는 게 아닌가. 만 원을 환전해 달라고 하니 기사는 볼멘소리로 손님이 주는 토큰을 직접 받아 가란다. 반박할 수도 없는 처지라 승차하는 손님의 토큰을 하나씩 환수하면서 천 원의 유용성을 실감한 적이 있었다.

천 원 아래 화폐인 500원, 100원, 50원, 10원 동전은 실거래에서는 거의 사용되지 않고 잔금 정산용으로 이용되고 있다. 대금을 동전으로 받으면 받는 사람은 얼마나 불편할까?

경기도 성남시의 음식점에서 배달 일을 한 김 모 씨는 밀린 임금 17만 원을 10원짜리 동전(22.9 킬로그램)으로 받았다. 10원 동전 100개가 천 원이니 동전 17,000개를 임금으로 받았다는 계산이다.

이 일이 알려지자 주변에서는 '어떤 사유가 있었는지 모르지만 근로자의 인격을 무시한 비열한 행위'라며 업주를 비난했다. 흔한 고액권을 두고 천 원짜리 지폐로 임금을 지불했더라도 업주는 쩨쩨하고 융통성 없는 사람이라는 비난을 받았을 것이다.

광주 동구의 대인시장에는 독거노인들이 주로 이용하는 한 끼 천 원짜리 식당이 있다. 식단은 밥 1공기, 반찬 3가지, 된장국인데 운영자인 할머니가 별세한 후 딸이 그 가격을 고수하면서 대를 이어 영업하고 있다.

살아생전 할머니는 천 원을 받으면서 "공짜가 아니니 자존심 상하지 말고 당당하게 식사하라"고 주문했다고 한다. 천 원 주고 먹은 식사가 3천 원의 가치가 있었다면 나머지는 덤이고 인정이다.

제비를 기다리며

농촌을 떠나 도회지에 정착한 후 제비를 보지 못했다. 해운대 장산이나 아파트 주변에는 철따라 이동하는 철새가 간혹 찾아들지만 제비는 찾아오지 않는다. 시골집 민가의 처마 밑에서 둥지를 틀고 살다 찬바람이 일면 돌아가는 제비를 아파트가 그물처럼 촘촘한 빌딩 숲 인근에서 볼 것이라 기대하는 것이 애당초 잘못된 생각인 것 같다.

우리와 가장 친근한 새는 제비였다. 해마다 봄이 되면 제비는 어김없이 찾아왔고, 시골집 처마 밑에 둥지를 틀고 이른 새벽부터 먹이를 사냥하는 제비의 부지런함을 보면서 우리는 자라났다.

어릴 때 제비의 고향은 막연히 바다 건너 먼 강남으로 알고 있었고, 강남으로 떠난 제비가 돌아와야 봄이 오는 줄 알았다.

"정이월 다 가고 삼월이라네/ 강남 갔던 제비가 돌아오면은/ 이 땅에도 또다시 봄이 온다네."

봄을 그리는 마음에 우리는 '그리운 강남' 노래를 즐겨 부르면서 제비를 기다렸다.

서식 환경이 여의치 않은 대도시는 말할 것 없고 농촌지역에도 제비의 개체 수가 줄고 있다. 개체 수가 줄어드는 것은 자연재해 때문이 아니라 사람들이 스스로 만든 인위적인 재해 때문이다. 제비가 초가지붕 밑에 집을 지으면 집 아래에 판자를 덧대 새끼가 떨어져 다치지 않도록 하고, 제비 똥을 받아낼 수 있도록 하여 가족처럼 보살피는 것이 제비에 대한 시골사람들의 배려였다.

그러나 지붕개량 사업으로 제비가 집을 지을 수 있는 서식환경이 나빠졌고, 공해와 농약살포로 먹이가 되는 메뚜기, 잠자리, 하루살이 등 곤충이 크게 줄어든 것이 개체 수 감소의 원인으로 지적되고 있다.

40~50년대의 겨울은 왜 그렇게 추웠을까? 학교를 오가면서 추위가 물러가고 하루빨리 봄이 오기를 기다리는 우리들의 마음은 절실했다. 춘래불사춘(春來不似春)은 우리의 심정을 잘 나타낸 말로 생각된다.

혹한이 지나 봄이 되면 춘궁기가 기다리고 있어 봄이 와도 봄 같지 않았지만 제비가 다시 찾아와 처마 밑에 둥지를 틀면 기쁜 마음으로 봄을 맞았다. 우리가 살았던 어려운 시기에 제비는 봄을 알리는 전령사이고 생활에 활력을 불러 일으켜 주는 고마운 새였다.

작년에 부화한 새끼를 거느리고 강남으로 간 제비는 새봄이 되면 가족을 모두 거느리고 옛집을 찾아 올 만큼 귀소본능이 뛰어난 새다. 비록 미물이지만 부부간 금슬이 좋고 형제자매가 일가를 이루어 살면서 가족애가 남달라 제비의 삶을 우리 생활에 접목해 나가는 지혜가 필요하다는 생각이 든다.

흔히 바람피우는 족속을 제비족이라 한다. 이것은 제비의 속성을 모르고 하는 말이다. 사교춤을 출 때 입는 뒷단의 갈라진 연미복이 제비의 모습을 닮아 제비족이라는 말이 유래되었다고 하는데, 가족 사랑이 남다른 제비에게는 전혀 어울리지 않는 말이다.

제비가 돌아와 처마 밑에 둥지를 틀면 농부들의 일손도 바빠진다. 3월 하순이면 농기구를 정비하고 4월이 되면 이양할 묘판에 씨를 뿌리면서 모내기 준비를 한다. 새끼들이 부화하는 5~6월은 제비들의 활동이 가장 많은 시기이다.

모내기를 하기 위해 겨우내 묵혀둔 논바닥을 갈아엎고 물을 넣어 써레질을 하면 온갖 벌레들이 기어 나오고, 때를 놓칠세라 땅속에서 나온 곤충이나 하루살이를 재빠르게 사냥하는 제비들의 모습이 지금도 눈에 선연하다. 암수가 함께 새끼를 부양하는 제비는 이맘때면 하루에 수백 번 둥지를 들락거릴 만큼 부지런하다.

'흥부와 놀부'는 우리가 자라던 시기에 어른들이 가장 많이 들려준 전래동화였다. 어른들은 박씨를 물고와 흥부에게 횡재를 안겨준 제비의 보은(報恩)을 칭송하면서 "놀부처럼 심술궂은 사람이 되지 말고 제비처럼 은혜를 아는 사람이 되어라"고 가르쳤다. 또 "제비가 낮게 날면 비가 오고 새끼를 많이 낳는 해는 풍년이 든다"면서 제비들의 습성에서 일기를 예측하고 한해의 농사를 점쳤다.

벼멸구나 모기, 파리와 같은 해충을 잡아먹기 때문에 익조(益鳥)로 분류되는 제비는 참새를 쫓는 새로도 알려져 있다. 벼에 물이 오를 즈음이면 수백 마리씩 무리지어 벼의 단물을 빨아먹는 참새들을 쫓기 위해 어른들이 들녘으로 보내면 "우리 논에 참새가 오지 못하게 해다오"하며 제비에게 기원하기도 했다.

제비는 민가에 무리를 지어 찾아들어 처마 밑에 둥지를 틀고 사람과 함께 생활하는 속성을 가졌다. 잠도 현관문이나 담벼락, 집과 가까운 전깃줄 위에서 잔다. 민가 주변에는 먹잇감이 풍부할 뿐 아니라 뱀, 쥐 등 천적으로부터 새끼를 보호받을 수 있기 때문이라고 한다.

나는 요즘도 해운대 장산을 오르거나 근교로 나들이할 때 제비 찾는 습성을 버리지 못하고 있다. 운 좋게 전깃줄에 무리지어 앉아 있는 제비 떼를 보거나, 행여 한두 마리라도 눈에 띄기를 기대하면서….

제비가 서식하지 못하는 환경이 인간에게 좋을 리 없다. 이런 환경은 언젠가 인간에게 재앙이 될 수 있을 것이다. 이른 봄에 찾아와 가을에 돌아가는 새, 인간과 가장 친근한 제비의 개체수가 줄어드는 것을 보면서 이제 봄이 와도 강남으로 간 제비가 돌아오지 않을 것이라는 걱정이 앞선다.

50년 후의 삶

50년 후의 삶은 어떻게 변할까? 인생살이는 한치 앞도 내다볼 수 없다고 하지만 미래의 삶을 내다보는 것은 흥미로운 일이다.

내가 처음 라디오 소리를 들은 것은 50년 대 후반 시골 중학교에 다닐 때였다. 조그마한 물체에서 사람 목소리와 음악이 나오는 것을 보고 신비로운 요술 상자라고 생각했었다. 그 이후 흑백 TV가 등장했는데 사람들은 TV 있는 집에 옹기종기 모여 연속극을 보면서 함께 웃고, 때로는 눈시울을 적시기도 했다. 60년 전의 일이다.

앞으로 50년 후의 세계는 우리가 겪어왔던 50년을 뛰어넘는 경이로운 세상을 맞게 될 것이라고 생각하는 사람들이 많다. 미래 학자들은 공상과학 소설에 나오는 일들이 현실화될 것으로 전망했다.

2070년 어느 날, 사업가 A씨는 오전 10시 뉴욕 발 부산 행 비행기를 타고 한 시간 후 11시 부산 가덕 신공항에 도착, 12시 해운대 C호텔에서 지인과의 점심 약속시간에 참석한다. 마하 7~15인 극초음속 여객기를 타고 13시간 걸리는 뉴욕~부산 11,000km를 1시간에 주파하여 해운대에서의 점심약속을 이행할 수 있었다.

자기부상열차(磁氣浮上列車)가 개발되어 현재 KTX로 2시간 30분 걸리는 서울~부산 간을 1시간 단위로 오갈 수 있다. 이 열차의 승객들은 선로 위를 떠서 달리는 열차의 객석에서 어떠한 움직임, 소리도 감지하지 못하고 편안한 여행을 하게 된다.

하늘을 날아다니는 에어택시가 2025년부터 서울~김포 간 시범 운행을 하고, 2030년이 되면 인근 대도시까지 운행범위를 넓혀 간다. 수직 이착륙으로 활주로가 필요 없으며 친환경 · 저소음 운행이 가능한 에어택시는 획기적인 미래 교통수단으로 각광받게 될 것이다.

우주여행도 가까운 미래에 실현된다. 지금까지 우주여행은 우주비행사가 전담해 왔으나 앞으로 소수의 민간인 우주여행(4~5명 탑승)에서 대규모 우주여행(100명 탑승)으로 이어질 전망이다.

미국의 민간 우주탐사기업 스페이스X가 차세대 우주선 스타십(길이 50m, 지름 9m)을 발사, 고도 10km까지 올라갔다가 다시 직립 착륙에 성공함으로써 대규모 우주여행이 가시화되었다. 우주선 스타십은 화물 100t과 최대 100명을 태우고 달과 화성을 내왕하겠다는 목표로 개발되고 있는데 2026년부터 상용화된다. 처음에는 달과 화성 궤도를 선회하고 지구로 귀환하지만 점차 달과 화성 표면에 착륙하는 여행으로 바뀐다. 정기적으로 운행되는 우주선으로 우주를 여행하는 인간의 꿈이 실현될 날도 멀지 않았다.

미래의 생활은 4차 산업혁명이 가속화되면서 사물 인터넷으로부터 시작된다. 인터넷에 PC와 노트북만 연결되는 것이 아니라 스마트 폰, 스마트 TV, 가전제품(냉장고, 에어컨, 세탁기), 자동차, 공장기계와도 연결되어 모든 사물이 스스로 데이터를 주고받으며 자동처리 된다.

예를 들면 카카오 톡으로 집안의 에어컨에 "30분 후 도착하니 섭씨 23도로 집안을 냉방가동 하라"는 메시지 지시를 내린 후 자율주행차에 목적지를 입력시키면 자동차는 주변 장애물을 파악, 가장 빨리 가는 길을 찾아 쾌적한 온도로 냉방되어 있는 집에 도착한다. 인공지능 로봇은 집안 청소, 설거지, 식사준비는 물론이고 박물관 관람, 뮤지컬 예약까지 맡는다.

가까운 미래에 제조업을 비롯하여 비행기 조종, 주식거래, 뉴스기사 작성, 환자 진료, 재판, 교수 분야까지 로봇이 대신하게 된다. 인간은 많은 일자리를 로봇에게 빼앗기게 되고 인간보다 우수한 로봇이 인간을 지배할 수 있다는 우려도 나오고 있다.

우리나라 인구는 2100년 반 토막이 나면서 노인이 전체 인구의 38%를 차지해 세계 최고령 국가가 된다. 전문가들은 범국가적 기구를 설치하여 인구위기에 대처하지 않으면 우리나라는 군소국가로 전락한 후 미래의 어느 날 지구상에서 사라질지도 모른다고 우려하고 있다.

앞으로 남북 간에는 유라시아 철도 건설, 관광지 개방, 경제교류의 확대로 점차 동질감을 찾게 되고 50년 이내에 통일 정부가 구성될 것으로 전망하고 있다. 서울서 평양까지 260km는 30분에 내왕할 수 있는 초고속철도가 건설된다.

미래의 식량은 곤충이 큰 몫을 차지한다. 소나 닭, 돼지보다 사육이 용이하고 풍부한 단백질과 칼슘, 무기질을 함유하고 있기 때문이다. 동물 세포를 이용하여 건강하고 맛있는 육류가 대량 생산된다. 이 방법으로 생산된 고기를 먹게 되면 동물들의 수를 조절하여 전염병을 없애고, 도살로 인한 고통과 폐기물 오염도를 줄일 수 있는 이점이 있다.

생명공학, 우주항공, 사이버공간 분야가 미래의 유망직업으로 뜬다. 예를 들면 사물 인터넷 전문가, 인공지능(AI) 전문가, 빅 데이터 전문가와 로봇 공학자, 자율주행차 전문가, 생명과학 연구원들이 우대받게 될 것이다.

4차 산업혁명 시대가 되면 인간과 사물과의 경계가 불분명해진다. 사물은 사이보그(Cyborg)가 되어 인간과 같은 지위가 되고, '인간이란 무엇인가?'라는 근본 문제에 다다른다.

과학기술의 발전으로 미래의 우리 생활은 극도의 안락과 편안함을 추구할 수 있을 것이다. 그러나 생활수준이 아무리 높아져도 우리 생활에서 끊임없이 발생하고 있는 자살, 범죄, 종교와 인종 갈등 문제를 해결하여 인간의 궁극적 목표인 행복과 존엄은 실현되기 어려울 것이라는 의견이 지배적이다.

하늘을 나는 꿈

나는 어릴 때 하늘을 나는 꿈을 가끔 꾸었다. 지붕과 지붕 사이를 건너뛰거나 높은 산에서 계곡으로 날아 내리기도 했고, 은하철도 999처럼 별나라를 여행하며 즐거워하기도 했다. 하늘을 날고 나면 이불에 지도를 그리는 일이 잦았고, 그 버릇을 고쳐야 한다면서 어른들은 이른 아침 곡식의 껍질을 날려 보내는 키를 머리에 씌우고 소금 얻어 오라며 이웃집으로 보냈다.

이 일이 창피하고 부끄러워 실수를 범하지 않으려 했지만 하늘을 나는 통쾌한 순간이 되면 실수를 반복하여 꾸지람도 많이 들었다. 어른들은 하늘을 나는 꿈에 대해 키가 크는 꿈이라고 말하기도 했고 자라나서 승진이나 성공을 이루는 길몽이라 풀이하기도 했다.

하늘을 날아다니고 싶은 어릴 때의 꿈 때문인지 성장하면서 무협소설을 좋아하게 되었다. 무협지의 본질은 의협과 용기, 의리와 인정, 은혜와 복수로 집약된다. 무림의 고수들은 경공술을 펼쳐 하늘을 마음대로 날아다니기도 하고 장풍으로 바위를 으스러뜨리기도 한다. 역경을 극복하고 절세의 무공을 익혀 난세를 평정하는 무림의 세계를 접하면서 현실에서 이룰 수 없는 성취감과 대리만족을 느꼈다.

나는 열강의 틈바구니에서 수많은 내우(內憂), 외환(外患)을 겪어온 우리나라에 무림의 절대자와 같은 인물이 나타났다면 나라의 운명을 바꿀 수 있었을 것이라는 생각을 가끔 하곤 한다.

우리는 과거 주변 강대국들에 의해 침탈을 당하면서도 고질적인 당파싸움으로 국론을 통일하지 못했고, 마침내 외세에 의해 주권을 상실한 쓰라린 경험을 가지고 있다.

무협지의 십전제(十全帝)와 같은 통치자가 있었다면 국론을 통일하고 외침이 있을 시 단번에 물리칠 수 있는 능력을 갖지 않았을까.

무림의 패자(霸者)들은 군웅들을 압도할 수 있는 뛰어난 무공을 가졌을 뿐 아니라 용기와 지혜, 도덕성과 분별력을 갖춘 완전체 인간이었다.

초절정 무인들은 계단을 밟듯 자유롭게 허공을 날 수 있는 능공허도(能空虛道)나 잔상만 보이고 사라진다는 초고속 비행술인 이형환위(移形換位)의 기술을 자유자재로 구사했다. 하늘을 날고 싶은 인간의 욕망이 무림인들을 통해 재현되었으리라.

비행기가 만들어지면서 하늘을 나는 꿈은 현실화되었다. 나는 지금도 수백 명을 태운 비행기가 한번도 멈추지 않고 어떻게 수천 킬로를 날아갈 수 있는지 경이로운 마음을 지우지 못하고 있다.

과학기술은 우리의 상상을 초월하여 발전을 거듭하고 있다. 두바이에서는 2인승 하늘을 나는 에어택시가 2017년 시운전에 성공하였고, 물위를 달리는 자동차와 무인자동차도 곧 상용화될 전망이다. 혼자 하늘을 날아 물품을 배달해주는 인간택배나 도서 산간지역을 총알 배송하는 드론 집배원도 곧 실현될 것이라는 보도가 있었다. 인간이 새처럼 자유롭게 하늘을 날 수 있는 시대는 꿈이 아니라 현실로 다가오고 있다.

비행기는 대량수송이 가능한 이점이 있지만 활주로와 같은 이착륙 시설이 있어야 하고, 정해진 시간에만 운행이 가능하지만 하늘을 나는 택시나 인간택배, 드론은 시간, 장소에 구애받지 않고 편리하게 이용될 수 있어 또 다른 문명의 이기로 각광을 받게 될 것이다.

인간의 비행기술은 우주정복에도 새로운 이정표를 세웠다. 동화 속에서 옥토끼가 방아를 찧었다던 달나라는 69년에 다녀왔고, 77년에는 미국의 보이저 2호 무인우주선이 발사되어 목성, 토성, 천왕성, 해왕성을 탐사했다. 지구에서 발사된 무인우주선이 태양계의 먼 행성 해왕성까지 가는 데는 12년이나 걸렸다.

우리는 어릴 때 밤하늘의 별을 보면서 자랐다. 가장 쉽게 찾을 수 있는 별은 북두칠성이었고, 견우와 직녀가 1년에 한번 만난다는 은하수를 보면서 별나라 여행을 꿈꾸기도 했다.

꿈은 이루어진다고 말한다. 어릴 때 하늘을 나는 꿈이 현실화되어 우주비행까지 이루어지는 것을 보면서 인간의 도전은 위대하다는 생각이 든다.

찬란했던 벚꽃은 지고

봄의 상징은 벚꽃이다. 벚꽃 없는 봄을 생각할 수 있을까. 봄은 벚꽃 따라 오고 벚꽃 따라 간다. 엊그제 해운대 장산의 만개한 벚꽃길을 걸었다. 도로 양쪽의 벚나무 가지가 하늘에서 날줄과 씨줄로 얽혀 하얀 벚꽃 터널을 만들었다. 세상이 온통 하얗다. 상춘객들의 마음까지 동심으로 돌아간다.

하얀 벚꽃 세상도 잠깐, 찬란했던 벚꽃이 지고 있다. 우리 곁에 오래 머물면 얼마나 좋을까. 아쉽게도 벚꽃의 생명은 짧다. 절정의 자리에서 잠깐 머물다 미련 없이 내려온다. 자기 임무를 마치고 삶에 연연하지 않겠다는 듯 가장 아름다운 순간에 진다. 너무 아쉬운 벚꽃의 말로다.

화려한 생을 살다 한순간에 모든 것을 내려놓는 벚꽃으로부터 죽음의 의미를 되새긴다. "죽음은 끝이 아니라 빛나는 시작이다"는 퀴블러 로스의 말처럼 벚꽃의 죽음은 새 생명을 잉태하기 위한 순환의 과정이다. 꽃잎은 떨어져 밑거름이 되고 내년에 다시 싹을 틔운다. 아름다운 꽃을 피우고 치열한 삶을 살다 마지막 남은 자양분까지 뿌리로 돌리는 벚꽃에서 숭고함을 느낀다. 벚꽃은 죽는 것이 아니라 윤회(輪廻)의 삶을 살고 있다.

벚꽃은 잎과 만나는 것을 싫어한다. 만개한 후 꽃이 떨어져야 잎이 나오기 시작한다. 잎은 하얀 벚꽃과 함께 피면 흠이 된다는 것을 알고 있는 것이다.

벚꽃이 지는 것을 보고 느끼는 감회는 사람마다 다르다. 바람에 나풀거리며 떨어지는 꽃잎을 아름답다고 말하는 사람이 있는 반면, 짧은 생을 마감하고 흙으로 돌아가는 꽃잎을 보고 삶의 덧없음을 한탄하는 사람도 있다. 벚꽃에 쏟아지는 찬사가 큰 만큼 떨어지는 꽃잎에 대한 아쉬움도 커진다.

나는 긴 겨울을 보내고 새 생명이 움트는 봄을 가장 좋아한다. 벚꽃으로 산야가 하얗게 물들면 들뜬 마음을 주체하지 못하다가 벚꽃이 지면 서글퍼진다. '꽃이 피면 같이 웃고 꽃이 지면 같이 운다'는 대중가요의 한 구절처럼 벚꽃은 기쁨과 슬픔을 함께 주는 꽃이다.

벚꽃의 생명이 짧음을 한탄하는 사람들이 많다. 만개된 지 얼마 지나지 않아 땅에 떨어지지만 벚꽃은 축약된 삶을 살고 간다. 지구의 나이 45억 년을 1년으로 환산하면 인간이 지구에 머문 시간은 고작 30분에 해당된다고 한다. 사람의 수명을 100년으로 환산하면

축약된 한 사람의 일생은 촌각에 불과하다.

방사능 물질인 '폴로늄' '라듐'을 발견하고 노벨 물리학상과 노벨 화학상을 수상한 퀴리 부인, 세상에서 가장 많은 1,093개의 발명품을 만든 노력하는 천재 토머스 에디슨은 축약된 삶을 살다간 위인이었다. 인생은 짧다. 그러나 축약된 삶을 살고 간 사람들에게는 짧은 기간이 아니다. 10년을 1년 같이, 1년을 하루같이 살았기 때문이다.

봄바람에 실려 순백의 마음으로 다가와 사람들의 가슴에 행복을 심어주고 미련 없이 떠나가는 벚꽃, 자신의 삶을 버리고 남을 위해 살다가는 벚꽃의 일생을 짧다고 할 수 있을 것인가.

"가야할 때가 언제인가를 / 분명히 알고 가는 이의/ 뒷모습은 얼마나 아름다운가/ 봄 한 철/ 격정을 인내한/ 나의 사랑은 지고 있다."

이형기 시인의 〈낙화〉처럼 사람은 태어나는 순간부터 죽음을 향해가고 있지만 죽음을 망각한 채 하루하루 살아간다. 죽음은 남의 얘기가 아니고 나의 얘기다. 우리의 삶은 죽음을 향해가는 여정이다. 그 짧은 여정 속에서 우리는 무엇을 하고 무엇을 남길 수 있을 것인가?

벚꽃은 짧은 삶에 연연하지 않는다. 꽃을 피울 때와 지울 때를 아는 벚꽃으로부터 축약된 삶의 지혜를 배우고 싶다.

몸값

세상에서 가장 비싼 그림은 파리 루브르 박물관에 소장되어 있는 레오나르드 다빈치의 '모나리자'다. 40~60조 원의 값어치가 있는 것으로 평가되고 있다. 박물관에 전시만 할 뿐 거래는 이루어질 수 없는 이 그림은 호가로만 가격이 형성되고 있다.

화가의 몸값은 그림의 값어치에 따라 좌우된다. 반 고흐나 폴 고갱은 고독하고 불행한 예술가로 평생을 보냈으나 사후 사랑을 받아 몸값이 가장 많이 오른 화가로 평가되고 있다.

반 고흐는 37세로 죽을 때까지 9백여 점의 작품을 그렸지만 생전에 팔린 작품은 한 전시회에서 400프랑에 팔린 '아를의 붉은 포도밭' 한 점이었다. 그가 죽은 10년 후부터 작품 값이 오르기 시작하여 현재 그의 작품은 1~2억 달러를 호가하고 있다.

폴 고갱의 '언제 결혼하니?'는 생전 비평가들로부터 쓴 소리를 듣고 팔리지도 않았던 작품이었으나 2015년 카타르 왕족에게 3억 달러에 팔려 사후 그는 몸값이 가장 비싼 화가가 되었다.

스포츠 선수나 연예인들의 몸값은 인기도에 따라 좌우된다. 파리 생제르맹으로 이적한 메시와 레알 마드리드의 호날두는 몸값이 가장 비싼 축구 선수다. 천문학적인 연봉을 받고 이적료는 1억 달러를 훨씬 상회할 것으로 평가된다. 그림들은 세월이 지날수록 그 값이 올라가지만 스포츠 선수나 연예인들은 인기를 누리는 기간이 짧고, 정점이 지나면 몸값이 폭락하는 경우가 많다.

우리나라에서 가장 평판이 높은 가수는 세계적인 팝스타 방탄소년단(BTS)이다. 이들은 미국 빌보드의 각종 차트에서 신기록을 쓰고 있다. 세계 유명 가수들을 롤 모델로 삼아 빌보드를 꿈꿨던 이들은 이제 누군가가 뛰어 넘어야 할 빌 보드 역사의 새로운 기준이 된 것이다.

국내 가요계의 롤 모델은 2020년 미스터 트롯에서 진을 차지하면서 혜성과 같이 등장한 임영웅이다. 짧은 기간에 인기스타로 자리 잡은 그는 총 30개의 1,000만 뷰 영상을 가지고 있고 가장 짧은 기간에 10억 뷰의 영상을 달성한 가수다. 그는 트롯 계에서 가장 비싼 몸값을 가진 가수로 평가되고 있다.

어느 자료를 보니 우리나라에서 몸값이 가장 많이 나가는 사람 20명 중 연예인이 과반수를 차지하고 있었다. 이 자료는 '한 해 동안 누가 가장 많은 수입을 올렸나'를 알려주어 많은 사람들의 관심을 끌었다.

한류스타들은 선풍적인 인기를 바탕으로 국위선양은 물론 국민들의 사기를 높이는 역할을 하면서 부와 명예를 한꺼번에 얻었다.

이들의 비상을 보면서 이솝 우화 '개미와 베짱이'를 생각해 본다. 개미는 겨울에 대비하여 무더운 여름 열심히 일하면서 식량을 모우지만 베짱이는 시원한 그늘에서 매일 노래만 부른다. 어느덧 나뭇잎이 시들고 찬바람이 불기 시작하자 개미들은 베짱이 걱정을 한다.

"베짱아, 겨울이 되면 어찌하려고 그렇게 노래만 부르니?"

세상이 하얀 눈으로 덮이자 베짱이는 개미를 찾아가 도움을 요청한다.

"아! 배고파. 개미야, 먹을 것 좀 줘."

"베짱아, 어서 들어와."

개미는 따뜻한 물과 먹을거리를 주었다는 내용이다.

이 우화는 베짱이처럼 노래만 부르는 게으름뱅이가 되지 말고 앞날을 대비할 줄 아는 개미의 부지런함을 배우자는 교훈을 내포하고 있다.

개미와 베짱이를 현대적인 입장으로 해석하면 개미는 현실에 안주하고 사는 현실주의자의 입장을, 베짱이는 한 단계 높은 도약을 위해 실력을 갈고 닦는 도전자의 입장을 대변하고 있다고 보아야 한다.

도전정신을 가진 베짱이가 개미의 부지런함을 능가하는 고부가가치를 창출할 수 있고 몸값도 베짱이가 훨씬 높다는 것을 한류스타들의 비상에서 미루어 짐작할 수 있을 것이다.

“나물 먹고 물마시고 팔을 베고 누웠으니 즐거움이 이 가운데 있다(飯蔬食飮水 曲肱而枕之 樂亦在其中矣).”

논어에 나오는 이 글귀는 ‘지나친 욕심 가지지 말고 현실에 만족하며 살자’는 뜻을 가지고 있으나 고루하다는 느낌을 버릴 수 없다. 저마다 소질을 개발하여 미래에 대비하는 능력을 배양하는 것이 우리가 나아갈 방향이라는 생각이 든다.

몸값은 나이, 직업, 재산, 인지도, 장래성, 사회적 기여도 등을 따져 매겨야 하지만 이 중에서 가장 중요한 것은 사회적 기여도라고 생각한다. 수백억의 재산을 가진 사람이 이웃을 위해 한 푼도 사용하지 않고 일신의 영달과 자기 가족만을 위한 삶을 산다면 누가 이 사람을 존경할 것이며 높은 몸값을 가졌다고 할 수 있을 것인가.

나는 평소 어려운 이웃을 돕는 익명의 기부자, 음지에서 묵묵히 일하는 사회 봉사자, 수출입국에 기여하기 위해 불철주야 일하는 산업전사, 이름 모를 산야에서 산화한 무명용사들이 높은 몸값을 가진 사람들이라고 생각한다. 비록 밖으로 드러나지 않고 음지에 묻혀 살거나 이미 세상을 등졌지만 이들은 오늘의 번영을 이룩한 주역이자 이 나라를 지탱해 온 원동력이 되었기 때문이다.

내 몸값은 얼마나 될까? 동료 한 사람은 자기의 몸값에 대해 이렇게 말했다.

"늙고 노쇠한 데다 사회적 기여도가 낮아 밖으로의 몸값은 서푼어치도 되지 않겠지만 안으로는 아내를 부양하는 남편이자 아버지, 할아버지 몫까지 하고 있어 천 냥 값어치는 될 것이다."

내 몸값도 이 범주에서 크게 벗어나지는 않을 것 같다.

오진

의사가 환자를 잘못 진단하면 그 피해는 환자가 고스란히 떠안게 된다. 편두통을 감기로 진단하거나 위궤양을 소화불량으로 오진(誤診) 할 경우 생명에는 지장을 주지 않는다. 그러나 폐암을 폐렴으로, 담낭암을 위궤양으로 오진한다면 환자에게 돌이킬 수 없는 치명상을 주게 된다.

명문 S의대 교수는 한 방송에서 "공식적인 집계는 없지만 오진율은 20%를 넘을 것으로 예측된다"면서 치명적인 오진이 아니면 피해자들이 들추어내기를 꺼리기 때문에 대부분의 오진은 묻혀 넘어가는 것이라고 말했다.

오진은 병을 잘못 진단하여 환자를 상해나 사망에 이르게 하는 의료사고의 하나다. 환자에게 신체적 피해는 물론 심각한 정신적 ·

물질적 피해도 준다. 미국 유력 의학지는 오진을 세 번째 사망원인으로 꼽는다. '의사는 신뢰하되 반드시 검정하라'는 말은 오진을 막기 위해 새겨들어야 할 경구다. 큰 병으로 진단 받을 경우 2~3명의 전문의를 만나 소견을 듣는 것이 필요하다는 뜻이 들어 있다.

내가 30대에 겪은 오진 사례다. 배가 몹시 아파 인근 내과를 찾은 결과 '음식 섭취 잘못으로 체한 것'이라는 진단을 받았다. 처방약을 3일 동안 복용했으나 점점 심해져 부산대학병원 응급실로 실려가 복막염 진단을 받고 급히 수술하여 생명을 건진 일이 있었다. 맹장과 소화불량은 비슷한 증세라고 하지만 대학병원 원장까지 역임한 분의 오진은 의사에 대한 깊은 불신을 심어 주었다.

의료사고로 피해를 입었을 경우 3가지 구제 방법(소비자보호원에 구제 신청, 법적 소송, 의료분쟁조정위원회에 조정 의뢰)이 있으나 의뢰인이 만족할 만한 결과를 얻기는 어렵다.

소비자보호원에 구제 신청을 할 경우 법적 강제력이 없어 금전적인 합의에 이르기가 쉽지 않다. 법적 소송은 기간이 길고 피해자가 병원 측의 의료과실을 증명해야 하기 때문에 승소는 계란으로 바위치기에 비유된다. 또 의료분쟁조정위원회에 조정을 의뢰할 경우 비용은 거의 들지 않으나 화해 · 중재를 원칙으로 하고 있어 협의가 잘 안 된다는 문제를 안고 있다.

드물지만 의료사고 소송에서 승소한 사례도 있다. 유명 음악인 신해철 씨의 경우 서울 S병원에서 장협착 수술로 사망한 후 법원은 이 병원 강모 원장에게 업무상 과실치사혐의를 적용, 징역 1년을 선고했다. 강 원장은 복역을 하고 나온 후 의료행위를 계속하다 호

주인을 포함, 2명을 또 사망케 했다. 강 원장은 취소된 면허를 재교부 받아 현재 남해에서 개업을 하고 있다는 소문이 들리고 있다.

의료법 개정(2000년)으로 살인, 강도, 성폭행과 같은 강력범죄를 저질러도 의사면허를 영구 정지할 수 없다. 만삭 부인을 목 졸라 숨지게 하여 세상을 떠들썩하게 했던 의사는 20년 중형을 선고 받았는데 형기를 마치고 나오면 면허를 재교부 받아 의료행위가 가능하다.

면허대여, 허위진단서 작성, 정신질환, 마약중독 등으로 의료법을 위반할 경우 한시적으로 의사면허가 취소된다. 리베이트 행위, 거짓 · 과잉 의료비 청구, 불법 사무장 병원 영업으로 2015~2020년에 걸쳐 4조 원의 건강보험료가 불법 지출되었으나 면허를 영구 정지 당한 의사는 한 사람도 없었다. 재신청에 의해 3년 안에 모두 부활되었기 때문이다. 지난 10년 동안 의사의 면허 재교부율은 98%에 달하는 것으로 집계되고 있다.

미국과 독일은 중범죄로 실형을 받은 의사에 대하여는 면허를 영구 정지시킨다. 이들 선진국은 사람의 생명을 다루는 의사에 대한 법 적용이 엄격하다. 우리나라는 60세까지 정년이 보장되어 있는 공무원 직업을 '철 밥통'이라고 하지만 의사면허는 중죄를 저질러도 박탈당하지 않는다고 하여 '불사조 면허' '방탄 면허'라고 부르기도 한다.

중범죄를 저지른 의사의 면허취소 요건을 강화한 환자보호 3법(강력범죄를 저지른 의사의 면허 규제, 수술실 CCTV 설치 법제화, 행정처분 받은 의사 이력 공개) 중 수술실 CCTV 설치 의무화를 담은 의료법

일부 개정안이 의안 발의 6년 만에 국회 본회의를 통과 (법안 공포 후 2년간 유예기간 설정) 했다.

대한의사협회 등 의료단체들은 수술실 CCTV 설치 법안 통과에 대하여 "극소수의 비윤리적 일탈행위를 근거로 선량한 의료인 모두를 잠재적인 범죄자로 감시한다면 빈대 잡자고 초가삼간 태우는 것과 마찬가지"라며 "의료의 질을 떨어뜨리고 나아가 환자의 생명권과 건강권의 훼손으로 이어질 수 있으므로 악법을 저지하는데 함께 행동하겠다"고 말했다.

그러나 한국환자단체연합회에서는 "불법의료행위를 근절하고 환자의 인권 침해를 막는데 크게 기여할 것"이라며 환영하고 있다.

살인, 성범죄를 저질렀거나 오진이 잦은 의사에게 진료 받고 싶은 환자가 있을까? 환자의 안전과 대리수술을 막기 위해 수술실에 CCTV 설치를 설치하고 불법 의료행위자의 이력을 공개해야 한다는 것은 시대적 요청이다. 이 방법은 의료사고를 줄일 수 있는 지름길이기도 하다.

진료과정에서 오진이 발생할 수 있지만 줄여나가야 한다. 최근 인공지능(AI)을 활용하면 오진율을 크게 줄일 수 있다는 연구결과가 나와 관심을 끌고 있다. AI의 진단이 진문의를 능가할 수 있다는 것이다. 그러나 AI는 의학적으로 규명하는 오진은 줄일 수 있어도 인간의 감성까지 진단할 수 없다는 한계를 갖고 있다.

매미 울음소리 들으며

아파트 베란다 방충망에 붙어 한여름 새벽을 깨우는 매미 울음소리에 잠이 깼다. 잠결에 일어난 마누라는 빨리 쫓아버리라고 성화다. 시멘트로 둘러싸인 대도시에서 매미를 가까이 본 것이 얼마만인가. 아랫배를 오르내리며 울고 있는 매미를 보니 쫓아버리기에 앞서 반가운 생각이 든다. 아파트 주변의 허다한 나무와 숲을 외면하고 옆집을 지나쳐 삭막한 우리 집 베란다 방충망에 붙어 울고 있다니….

매미는 애벌레로 5~7년을 땅속에서 머물다 땅위로 올라와 4주 정도 살고나면 생을 마감한다. 긴 세월을 땅속에서 애벌레로 살다 땅위로 나와 한 달을 채우지 못하고 수명을 다하는 매미에게 연민의 정이 느껴진다.

한여름의 전령사는 매미다. 매미 없는 여름을 생각할 수 있을까.

호젓한 숲길을 걸으면서 시냇물 소리, 바람소리와 함께 매미 울음소리는 우리의 마음을 맑게 해주는 자연의 음악 소리다.

매미는 땅속에서 애벌레로 머물다 지상으로 나와 껍질을 벗는 우화(羽化)의 과정을 거쳐야 완전한 매미가 된다. 탈피(脫皮) 후 비로소 날개가 돋아 날아다닐 수 있다고 하여 이 과정을 우화등선(羽化登仙)이라 표현하기도 한다. 거추장스러웠던 과거의 허물을 벗어던지고 하늘을 마음껏 날면서 짝을 찾을 수 있기 때문이다.

매미가 우화의 과정을 거쳐 성체에 이르는 과정은 고승들이 고행 끝에 도달하는 해탈의 경지를 생각하게 한다. 지고(至高)의 목표인 탈피를 위해 긴 세월을 땅속에서 보내는 인고의 여정, 마침내 땅위에서 껍질을 벗고 새로운 삶을 사는 매미의 일생에서 생명의 신비가 느껴진다.

매미 울음은 수컷이 짝짓기를 위해 멀리 있는 암컷을 부르는 구애행동(求愛行動)이다. 성충으로 머무는 짧은 생존기간 동안 종족보존을 위한 본능이 소리로 나타나는 것이다. 그러나 가로등 불빛으로 인하여 밤을 낮 삼아 울어대 잠을 설친 사람들은 매미 울음을 자연의 소리가 아닌 '매미 소음'이라며 기피한다. 유충 때 나무의 수액을 빨아먹고 자라 식물의 성장을 방해한다고 하여 매미를 파리 모기와 같은 해충으로 취급하는 사람도 있다.

매미는 성충이 되면 이슬만 먹고 살아 청순의 미덕을 가지고 있고, 자신의 집을 짓지 않으니 검소의 미덕을 가지고 있으며, 가야 할 시기를 알고 있으니 신의 있는 존재로 칭송받는 곤충이다.

예부터 동양에서는 매미를 친근하게 여긴다. 유교에서는 매미를 덕이 많은 곤충으로 여겨 관리들이 쓰던 모자에 매미 날개 모양의 장식을 달아 사용했다. 영조 때의 문신 이정신(李廷藎)은 초야에 묻혀 사는 즐거움을 매미로 노래했다.

매암이 맵다 울고 쓰르라미 쓰다 우니
산채를 맵다는가 박주를 쓰다는가
우리는 초야에 묻혔으니 맵고 쓴 줄 몰라라

곤충이나 새 소리는 울음이지 노래는 아니다. "까마귀가 무리지어 까악 까악 노래 부른다"고 한다면 바보소리 듣기 십상이다. 매미는 '잘 우는 곤충'이 아니라 '노래 잘 부르는 곤충'으로 알려져 있다. 베짱이와 더불어 한여름 노래만 부르다 계절이 바뀌면 자취를 감추어 게으름뱅이로 비난 받지만 매미는 자신의 재능을 가장 잘 살릴 줄 아는 부지런한 곤충이다.

9월에 접어들자 매미소리가 일제히 자취를 감추었다. 한여름 열심히 노래 부르다 자연으로 돌아간 것이다. 찬란한 여름을 보내고 가을이 오자 떠나버린 매미의 삶이 참으로 아름답다는 생각이 든다.

가을빛이 물들기 시작하는 산은 다시 풀벌레, 산새 울음으로 채워진다. 지난여름을 함께 보낸 매미들을 그리워하고 있음인가. 등산길 한 모퉁이에 참매미 한 마리가 나무에서 떨어져 생을 마감하고 있다. 기다렸다는 듯 개미들이 둘러싼다. 겨울 양식을 운반하기 위해 분주하게 움직이는 개미 떼, 여기에도 생존의 법칙이 존재하고 있다. 한여름 짧은 삶을 다하고 개미들의 겨울나기 보시(布施)로 삶을 마감하는 매미의 삶이 숭고하게 여겨진다.

매미가 앉았음직한 상수리나무 가지가 외로워 보인다. 겨울과 봄이 지나 여름이 오면 매미는 다시 돌아올 것이고 산은 활기가 넘칠 것이다. 내년 여름이 기다려진다.

약장사

"본 제품은 베타글루칸이 풍부하게 들어있어 암세포의 증식과 재발을 억제하고 피를 맑게 하며 간이나 고혈압, 동맥경화, 심근경색 등 각종 질환 예방에 뛰어난 효능을 가지고 있습니다."

제주도 여행 중 가이드의 안내로 들른 상황버섯 판매소에서 제품 소개에 열을 올리는 판매원을 보면서 마누라의 갈등하는 모습이 보였다. 판매원은 손바닥보다 큰 상황버섯을 들고 "우리 회사 제품은 농장에서 직접 재배한 상황버섯 중 상태가 좋은 것만 선별하여 만들었고, 도소매상을 거치지 않기 때문에 이곳을 벗어나면 구입할 수 없다"는 말에 마누라는 선뜻 상황버섯 가루 4개월 분 2박스를 구입했다.

카드로 수월치 않은 값을 결제한 후 돌아와 생각해 보니 미심쩍은 것이 한두 가지가 아니었다. 농장에서 직접 재배한 버섯에서 만든 것인지? 가루로 된 이 제품에 불순물을 섞지 않았는지? 먹고 난 후 부작용은 없을 것인지?

마누라는 당초 건강식품에 대하여 별 관심을 가지지 않았으나 나이가 들면서 한 두 종목 구입하기 시작했다. 약장사 판매원들의 부추김도 있지만 남편 건강에 도움이 될 것이라는 생각 때문이다.

수년 전 캄보디아에서 면역력을 향상시키고 성인병 예방에 탁월한 효과가 있다는 가이드의 설명을 듣고 노니를 구입한 적이 있는데 복용과정에서 변색되는 것 같아 폐기처분해 버린 일이 있었다. 정제를 거치지 않은 노니에는 독성이 함유되어 있어 잘못 복용하면 해가 될 수 있다는 주변의 충고 때문이었다.

노니를 판 가이드는 "평소 친하게 지내는 노니 판매상에게 특별히 부탁하여 이번 여행객들에 한하여 2통 값만 내면 3통의 노니를 주겠다"며 다른 관광객들에게는 1통 더 받았다는 것을 말하지 말라고 당부했다. 아마 노니를 팔 때마다 가이드는 같은 말을 되풀이 했으리라.

값싼 여행에는 으레 선택 관광이라는 옵션이 따르게 된다. 가이드는 예정에 없는 일정을 더하여 관광객들에게 추가비용을 요구하거나 건강식품 판매업소를 순방한 후 매상금액에 따라 업소로부터 일정비율의 수수료를 받는다.

관광지의 건강식품 판매원은 약장사와 다름없다. 때로는 효험이 없는 약을 만병통치로 위장하여 불치병, 난치병 환자에게 팔아 물의를 일으키기도 한다. 지병을 가지고 있는 관광객들은 이들의 상품소개를 듣고 부지불식간에 동화되어 주머니를 풀게 된다. 순간적으로 최면술에 걸린 것 같다고 말하는 사람도 있다.

정년퇴임을 기념하는 태국 여행길에서 가이드가 소개한 태국의 동포 한의사는 방문객들을 일일이 진단한 후 맞춤 한약재를 처방했는데 약값이 한 재에 1~2백만 원에 달했다. 여행자들은 대부분 고령으로 심장병, 고지혈증, 당뇨, 근육통 같은 퇴행성 질환을 가지고 있는 사람이 많았기 때문에 족집게 진맥으로 처방을 내린다는 말을 믿고 약재를 구입했다.

뒷날 모임에서 들어보니 약효가 없어 구입한 약재의 반도 먹지 않고 버린 사람들이 많았다. 한인회의 간부직을 맡고 있는 이 한의사는 현지에 뿌리를 내리고 살면서 동포를 이재의 수단으로 이용하는 것 같아 개운치 않은 기분을 안겨 주었다.

관광지에서 판매원을 만날 때마다 옛날 시골장터의 약장사가 생각난다. 5일장마다 찾아다니는 시골 약장사들은 춤과 노래, 차력술로 사람들을 모은 후 재담, 허풍으로 고약, 피부연고 같은 약제나 동동구루무, 칫솔, 치약과 같은 생필품을 팔았다. 향수와 애환을 자아내기도 하는 그때 그 시절의 약장사들은 시골장터 손님들의 푼돈을 노리지만 유명 관광지에서 파는 약제나 건강식품은 가계에 부담을 줄 만큼 값이 비싸 후유증을 겪는 사람들도 있었다.

요즘은 웰빙식품의 홍수라고 할 만하다. 고지혈이나 뇌혈관 개선에 좋다는 폴리코사놀, 살 빼는 과일이라는 아사이 베리, 피부미용에 탁월하다는 콜라겐 등 건강식품이 넘쳐난다. 홈쇼핑마다 얼굴이 잘 알려진 패널과 영양학 교수를 동원하여 이들 상품에 대한 의학적인 효과를 설명하면서 판매에 열을 올리고 있다. 모두 백발백중 잘 듣는 만병통치약이라고 하지만 홍보한 것만큼 효과가 있는지는 의문이다.

가이드는 국내에서의 웰빙 바람을 교묘하게 해외시장으로 몰아 건강식품 구입을 호소하거나 구입하지 않으면 관광일정에 차질이 생길 수도 있다면서 구입을 강요하기도 한다. 이에 대해 항의하고 싶어도 가이드의 비위를 상하게 하여 즐거운 여행을 기대하는 다른 관광객들에게 누가 될까봐 나설 수도 없다.

문화관광부에서는 저가 여행을 미끼로 쇼핑과 관광 옵션을 강요하거나 무자격 가이드를 고용할 경우 '삼진 아웃제'를 시행하겠다고 2016년 발표한 적이 있었다. 불공정 여행이 3번 적발되면 여행사 자격을 취소한다는 것이다. 이 방침은 용두사미가 되었고 지금도 저가 여행에는 으레 옵션이 따르기 마련이다.

관광지에서의 강매, 바가지요금, 불친절은 그 지역의 문제에 국한되지 않고 그 나라의 국격(國格)에도 관계된다. 이러한 문제들은 근본적으로 바겐세일 관광과 연계되어 발생하지만 해결될 기미는 보이지 않는다.

여행사가 현지 가이드에 대하여 적절한 보상을 해주지 않고 자율생존 원칙을 고수하는 한 옵션을 둘러싼 말썽은 근절되기 어렵다는 것이 관광업계의 공통적인 시각이다.

우공(牛公) 예찬

공(公)은 특별한 공(功)이 있거나 귀한 혈통에 붙이는 칭호다. 우리는 동물 중 개와 소에 이 영광스러운 칭호를 붙여 견공(犬公), 우공(牛公)이라고 부르기도 한다. 개는 주인을 위한 충성심이 강할 뿐 아니라 인간과 가장 가까운 반려동물이기 때문이고, 반면 소는 농경사회를 이끈 일등공신이자 근면 성실함이 인정되어 공(公)의 반열에 올랐을 것으로 생각된다.

50~60년 전만 해도 소 없이 농사짓는 것은 생각할 수 없을 만큼 소는 농가의 필수불가결한 존재였다. 웬만한 농가에는 힘든 일을 맡아 처리하는 소가 있었고 그만큼 극진히 소를 대우했다. 소는 농촌에서 부의 상징이었고 재산목록 1호였다.

시골집에는 7~8세쯤 되는 큰 암소 한 마리가 있었는데 논밭 갈이는 말할 것 없고, 달구지 끌고 시장에서 물건 실어 오기, 무거운

짐 실어 나르기 등 힘들고 궂은일을 도맡아 했다.

당시는 나무로 난방을 할 때라 인근 지방까지 나가 나뭇짐을 실어 날랐는데, 새벽 일찍 집을 나선 일꾼들은 달구지 가득 나뭇짐을 끌고 밤늦게 돌아오기 일쑤였다.

어른 키보다도 높게 쌓은 나뭇짐을 싣고 오다 달구지가 진흙탕에 빠져 허우적거릴 때 엉덩이를 회초리로 후려치면 소는 두 눈을 부릅뜨고 필사적으로 빠져나오기 위해 안간힘을 썼다. 네 다리에 온 힘을 모아 용수철 튕기듯 진흙탕을 빠져나오면 등짝은 땀으로 흥건히 젖었고, 혀를 길게 빼고 가쁜 숨을 몰아쉬는 소의 모습은 지금 생각해도 애처롭다.

농부들은 자고나면 밤새 잘 있었는지 먼저 마구간을 둘러본 후 이른 아침 소부터 든든하게 먹였다. 소가 고된 일을 하고 여물을 잘 먹지 못하면 보릿고개 당시 사람도 먹기 힘든 밀기울이나 보리쌀을 넣고 쇠죽을 쑤어 극진히 보살폈다.

소는 게으름을 피우거나 주인의 지시를 거부하지 못하는 천성적으로 착한 동물이다. '소귀에 경 읽기' '황소고집'과 같이 나쁜 의미에 빗대는 사람들도 있지만 근면성과 충직함은 소를 따를 동물이 없다. 그래서인지 농부들은 약삭빠르고 영리한 개보다 소를 더 아끼고 사랑했다.

어른들은 전성기를 지나 노쇠해진 소는 시장에 내다 팔았다. 나는 미운 정 고운 정 다 들어 한 가족이나 다름없게 된 소를 파는 어른들의 마음을 이해할 수 없었다. 팔기 위해 마구간에서 몰고 나오면 소는 낌새를 알아차렸는지 나가지 않으려 버텼고, 어른들은 코

뚜레를 잡아끌고 나왔다. 오랜 기간 함께 생활하면서 소와 친해진 나는 동구 밖으로 멀리 사라지는 소를 하염없이 바라보며 속앓이를 할 뿐이었다.

소를 팔고 나면 덩치 작은 소를 한 마리 사왔고, 나는 팔려 나간 소의 흔적을 지우기라도 하듯 마구간에 볏단을 깔아주고 망태기 가득 뜯어온 풀을 먹이며 새 소와 친해지려고 애썼다.

1970년대 후반 영농기계화의 바람이 일기 시작하면서부터 소는 농촌에서 점차 사라지기 시작했다. 경운기 트랙터가 들어와 논밭 가는 일, 운반하는 일을 하면서 기계가 소의 역할을 대신했다. 일일이 사람의 손을 거쳐야 했던 모심기도 이앙기(移秧機)로 대체되었고, 콤바인이 도입되면서 곡물의 탈곡 과정까지 자동화되었다.

영농기계화와 함께 산업화, 근대화의 바람이 불어 닥쳐 농촌 젊은이들은 일거리를 찾아 도시로 떠나기 시작했고 농촌은 공동화(空洞化) 현상을 빚었다.

자료에 따르면 신라 지증왕 3년(502년)부터 우경(牛耕)을 시작한 이래 1500여 년 동안 영농의 주역이었던 소는 불과 수십 년 만에 영농 일선에서 사라지고, 지금 농촌에서는 육우(肉牛)나 낙농(酪農)을 위해 집단으로 키우는 소만 간혹 볼 수 있을 뿐이다.

큰 몸집을 가지고 있으나 순진무구하며 술수를 부리지 않고 온순한 성품을 가진 소는 나라꽃 무궁화의 꽃말인 은근과 끈기에 가장 부합되는 동물이다. 옛날부터 소는 조상이나 재물, 협조자를 상징하여 '꿈에 소가 집밖으로 나가면 나쁜 일이 생기고 누렁소가 집안으로 들어오면 복이 생긴다'고 하여 소 꿈을 두고 길흉을 예측했으며, 화가 이중섭은 일제 강점기에 힘찬 황소의 그림을 통해 민족혼을 일깨우고 역경에 견딜 수 있는 힘을 불러일으키기도 했다.

소는 아무리 급하게 몰아쳐도 서두르지 않는다. 빨리빨리 문화에 길들여진 우리에게 소는 '느림의 미학'을 실천하면서 우직한 걸음으로 천리를 간다는 우보천리(牛步千里)의 지혜를 일깨워 주었다.

한번 씹어 삼킨 먹이를 되씹어 소화하는 반추(反芻)활동으로 소가 생존하듯, 물질문명의 이기 속에서 자아를 상실해가고 있는 많은 사람들에게 반추의 시간이 필요하다는 생각이 든다.

여물을 먹고 난 후 되새김질을 하면서 무념무상(無念無想)한 표정으로 서있는 소의 모습은 경건하게 비쳐지기도 한다. 오수를 즐기는 것일까? 이별한 혈육을 그리워하고 있는 것일까?

선하게 보이는 쌍꺼풀, 검은 눈동자를 감싸고 있는 긴 속눈썹과 커다란 소의 눈동자를 들여다보라. 살아서는 인간을 위해 온갖 힘든 일을 하고, 죽어서는 자신의 모든 것을 인간에게 바치는 소를 보면서 고승의 숭고한 희생정신을 연상하는 것은 지나친 비약인가.

근면 성실 온순 강인 인내 등 많은 덕목(德目)을 가지고 농민과 희로애락을 함께 해온 소. 우공(牛公)으로 불렸던 과거의 화려한 명성을 뒤로하고 육우(肉牛)의 신세로 전락해 버린 소의 일생이 눈물겹다.

제 4 장

들국화여!

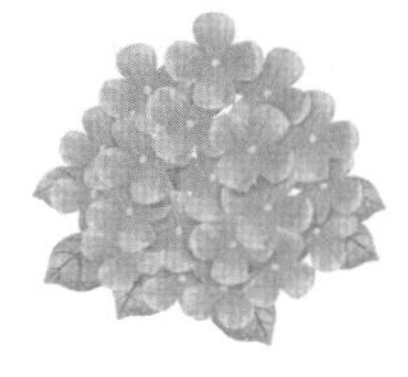

야생(野生)

야생동물과 인간은 공존이 가능할 것인가. 산이나 들에서 살아야 할 야생동물들이 먹이를 찾아 인가로 내려오거나 사람들이 그들의 서식처를 침범함으로써 인간과 야생동물 간의 영역다툼이 심상찮다.

중국 원난성(雲南省)에서는 야생 코끼리 떼 11마리가 산간 마을에 나타나 옥수수 밭을 초토화시켰다. 주민들은 무리지어 다니며 민가에 출몰하여 부엌이나 창고까지 뒤지며 식량을 먹어치우는 야생 코끼리에 대한 대책을 호소하고 있다.

오래전 아프리카 사보지역에서 철도공사를 하던 인부 35명이 식인사자 2마리에게 희생되었다. 한밤중에 떨어져 자는 인부들이 없어져 궁금해 했던 사람들은 뒤늦게 식인사자 2마리가 한 짓이라는 것을 알고 두려움에 떨었다. 고스트와 다크니스(ghost, darkness)라 불리며 공포의 대상이었던 2마리의 사자는 사람들의 집요한 추적으로 사살된 후 박제품으로 만들어져 시카고의 자연생태박물관에 전시되고 있다. 인간들의 동물 서식지 침범으로 일어난 사건이었다.

인간과 동물이 야생의 경계를 넘어 공생한 감동의 이야기도 있다. 조이 애덤슨(Joy Adamson)원작 '야성의 엘자'는 인간과 야생동물의 따뜻한 사랑과 우정을 다룬 실화 영화이다. 케냐에서 빨래하던 원주민을 해친 식인사자를 조이의 남편이 사살하게 되는데 그 사자는 새끼사자 세 마리를 거느리고 있었다. 조이는 두 마리는 동물원으로 보내고 엘자 라고 불린 암사자 한 마리와 같이 살게 된다. 3년을 함께 생활한 후 조이는 야생적응 훈련을 거쳐 엘자를 야생으로 돌려보낸다. 처음에는 새끼 멧돼지 한 마리도 잡지 못해 아사 직전의 상태까지 이르게 되지만 우여곡절 끝에 생존능력을 갖추게 되면서 엘자는 사자무리에 합류하여 야성을 찾게 된다.

어느 날 엘자가 새끼 세 마리를 거느리고 마치 친정집에 오듯 찾아오자 조이는 엘자가 기생충으로 생을 마칠 때까지 함께 생활한다. 엘자는 인간에 의해 키워진 후 성공적으로 야생에 적응했고, 야생에서 돌아와 다시 인간과 함께 한 첫 사례로 기록되었다.

아프리카는 더 이상 야생동물들의 낙원이 아니다. 잔인한 살육이 자행되고 있기 때문이다. 인간들은 가죽, 뼈, 뿔, 기름, 고기를 얻기 위해, 때로는 사냥하는 재미로 수많은 야생동물들을 포획하여 멸종에 이르게 하고 있다.

남아프리카에서는 코뿔소의 뿔이 최음제, 두통제, 피부병 치료제로 효능이 있다고 알려져 밀렵꾼들은 지난 수년 간 2만 마리의 코뿔소 중 90%를 살상했다. 코끼리 상아가 값비싼 공예품의 재료가 된다하여 지난 10년 간 아프리카 보스와나, 르완다의 코끼리 30%가 사라졌다. 다행스럽게도 최근 야생동물들의 남획, 밀렵을 막기 위한 국제기구가 발족되고, 동물보호단체들의 노력으로 야생동물들의 개체수가 늘어나고 있다고 한다.

우리나라는 야생동물을 포획하는 경우(3년 이하의 징역 또는 3천만 원 이하의 벌금), 포획을 목적으로 화약류 · 덫 · 올무 또는 함정을 설치하거나 유독물 · 농약을 뿌리는 행위(1년 이하의 징역 또는 1천만 원 이하의 벌금)에 대하여 엄하게 처벌하고 있으나 불법밀렵은 근절되지 않고 있다.

희귀동물들이 인간들에 의해 줄어들고 있는 반면 급격히 늘어난 유해 야생동물들이 인간의 경계를 침범하여 문제를 일으키고 있다.

조류와 야생동물에 의한 농작물 피해를 막기 위해 지방자치단체별로 발족한 유해야생동물 구제단은 2020년 한 해 동안 아프리카 돼지열병의 매개체로 지목된 야생멧돼지 10만 마리를 포획 처분했다. 야생동물 포획금지법에 의거 멧돼지, 고라니 등 유해야생동물 개체수가 급격히 늘어남에 따라 취해진 조치이다.

멸종위기종이나 희귀종을 방사하여 생태계의 균형을 유지하려는 노력도 계속되고 있다. 2001년부터 지리산에는 19마리의 반달곰이 방사되어 현재 15마리가 야생에 적응하고 있는 것으로 확인되고 있다.

2013년에는 돌고래 3마리를 제주 김녕 앞바다에 방사하는 등 다치거나 약물 중독된 독수리, 족제비 등 야생동물들을 치료 후 자연으로 돌려보내는 활동도 계속되고 있다.

지구 온난화로 지구상의 동식물이 위기에 직면하고 있다. 지난 100년 동안 지구의 평균기온이 섭씨 0.74도(우리나라는 1.5도) 상승하여 북극 곰, 고래, 코알라 등 멸종위기 종이 늘어났고 곤충 개체수도 4분의 1만 남았다는 분석이 나와 충격을 주고 있다. 현재의 상태가 지속되면 100년 후 지구의 온도는 섭씨 4도 상승하여 수많은 동식물이 멸종할 것이라는 전망이 나오고 있다.

지구 전체 산소공급량의 20%를 공급하여 '지구의 허파'로 불리는 아마존 열대우림도 광산개발, 농경, 목축 명목으로 벌목을 계속하여 지구표면의 12%를 덮고 있던 이곳은 현재 5% 밖에 남지 않았다. 지난 30년 간 열대우림 5분의 1이 파괴되었으며 개발지역은 울창한 열대우림이 내뿜는 산소보다 이산화탄소가 더 많은 곳으로 변해 지구의 멸종이 시작되었다고 말하는 과학자들도 있다. 유엔에서는 1992년 지구온난화를 방지하기 위한 유엔기후변화협약이 체결되었으나 가시적인 성과가 나타나지 않고 있다.

인간의 탐욕과 오만으로 야생동물들은 생존의 터전을 잃고 있다. 생태계가 파괴되면 멸종 야생동물들은 더욱 늘어날 것이다. 동식물이 살지 못하는 환경이 되면 인간도 살 수 없게 된다.

자연을 존중하면서 인간과 야생동물들의 조화로운 삶이 모색되지 않으면 공멸할 수밖에 없다는 생각이 든다.

어떤 이별

다가오는 병신년 새해를 며칠 앞두고 나의 마음은 무겁기 한량없습니다. 새해에는 당신과 헤어져야 하기 때문입니다.

되돌아보면 15년이라는 결코 짧지 않은 세월을 당신과 함께하면서 미운 정 고운 정 다 들었습니다. 나는 당신의 그림자와 같은 존재였고 당신 없는 나는 생각할 수가 없었습니다.

막상 헤어져야 할 시간이 다가오니 왜 이렇게 마음이 허전한지 모르겠습니다. 당신이 붙잡아준다면 언제나 당신 곁에 머물고 싶지만 이미 이별은 정해져 있는 것 같습니다. 나를 떠나보내는 당신의 마음도 편치 않을 것이라는 생각이 듭니다.

한 해가 저물어가는 어느 날 당신은 나의 몸을 쓰다듬으면서 이렇게 말했지요.

"너를 맞은 지가 엊그제 같은데 이제 헤어져야 하다니…. 정말 미안하다. 어찌할 수가 없구나. 나를 잊고 부디 잘 살아다오."

돌이켜보면 퇴직한 후 2~3년 동안 당신은 무던히 나를 사랑해 주었습니다. 바깥나들이가 잦았던 그때가 나의 전성기였습니다. 우리는 주로 동해안 바닷가를 많이 다녔지요. 백암 온천에서 며칠 머무른 후 삼척~주문진~설악산 단풍놀이도 다녔고, 오색 약수터를 거쳐 한계령을 지나는 도중 함박눈을 만나 백담사까지 엉금엉금 기다시피 내려온 때도 있었습니다. 남이섬을 둘러보고 부산으로 내려오면서 태풍을 만나 고생했던 지난날들은 아름다운 추억으로 남아 있습니다.

언제부터인가 당신은 사람들을 잘 만나지 않고 혼자 있는 시간이 많아지면서 나 또한 외톨이가 되어 지루한 나날을 보내야 했습니다.

그래도 1주일에 한두 번씩 이루어졌던 당신과의 만남을 손꼽아 기다리던 어느 날 나를 떠나보내기로 했다는 말을 듣고 얼마나 놀랐는지 모릅니다. 언젠가 헤어질 것으로 생각했지만 당신과의 이별이 이렇게 갑작스레 이루어질 것이라고는 예상하지 못했습니다.

2001년 어느 날 나는 한 번도 다른 사람의 손길이 닿지 않은 신차라는 이름을 달고 새색시 시집오듯 당신 곁에 왔습니다. 15년간의 주행거리는 7만4천 킬로미터. 지나간 세월에 비해 당신 곁에 머문 시간이 너무 짧은 것 같아 아쉬운 생각이 듭니다.

나를 처음 맞이하던 날, 당신은 마른 명태 1마리를 들고 나의 몸 구석구석을 비비면서 "우리 집에 온 것을 환영한다, 아무쪼록 사고

없이 즐겁고 행복한 시간을 함께 보내자"고 말했습니다.

나의 마음은 당신을 만난 기쁨으로 가득 찼고 함께 있는 동안 최선을 다하여 당신을 모셨습니다. 15년 동안 큰 사고 없이 보낼 수 있었던 것은 당신의 자상한 보살핌 덕분이었고 행운도 따랐기 때문일 것입니다. 대신 나의 몸에는 자질구레한 상흔이 늘어났고 기력도 점점 떨어졌습니다. 아마도 지쳐가는 나를 더 두고 볼 수 없어 이별을 결심했다는 생각이 듭니다.

"새 주인 만나 잘 살아라."

보내기 하루 전날 나의 온몸을 깨끗이 씻고 닦으면서 당신이 마지막으로 한 당부의 말입니다. 어디에서 무엇을 하든 이 말 잊지 않겠습니다.

사람들은 너무 쉽게 사랑하고 너무 쉽게 헤어지는 것 같습니다. 사랑하기 때문에 헤어진다고도 하고 사랑은 눈물의 씨앗이라고 하면서 이별의 슬픔에서 헤어나지 못하는 사람도 있습니다.

당신을 떠나는 나의 마음은 아프지만 이별의 슬픔에만 젖어 있을 수는 없습니다. 새로운 삶을 살아야 하기 때문입니다. 새 주인 모시고 열심히 사는 것이 당신의 기대에 부응하는 일이라 생각합니다. 헤어짐은 새로운 만남을 기약하지만 나는 당신을 다시 만날 수 있을 것이라 기대하지는 않습니다. 당신과 함께 했던 지난날들은 아름다운 추억으로 간직하겠습니다.

부디 건강하고 행복한 나날 보내기 바랍니다.

미인과 추녀

사람이 살아가는데 꼭 필요한 세 가지는 입는 것(衣), 먹는 것(食), 거주하는 곳(住)이다. 요즘은 여기에 미(美)를 추가하는 사람들이 많다. 아름다움을 추구하는 것은 인간의 본능으로 의식주와 함께 삶의 질을 향상시키는 한 방편이라는 데 이의를 제기하는 사람은 없을 것이다.

성형술이 보편화되면서 성형미인이 넘쳐나고 다이어트나 헬스를 통해 아름다운 몸매를 유지하려는 사람들도 늘고 있다. TV나 연예프로에 등장하는 젊은 남녀의 얼굴 생김이 비슷비슷하여 식별하기 어렵다는 사람도 많다. 성형술 덕분이다.

사람들이 외모에 치중하는 것은 3대 자산인 경제적, 사회적, 문화적 자산에 더하여 외모를 4대 자산으로 평가하기 때문이다.

그러나 아무리 외모가 뛰어난 미인이라 하더라도 내면의 미가 없다면 미인 반열에서 제외된다. 미스코리아 선발 시 얼굴, 몸매 심사와 병행하여 여러 가지 질문을 하는 것도 내면의 미를 알아보기 위함이다. 내면의 미는 흔히들 지성, 덕성으로 표현된다.

20세기 초 산문시집 〈예언자〉를 쓴 미국의 칼릴 지브란(Kahlil Gibran)은 "아름다움은 얼굴에 있는 것이 아니라 마음속에 있다"며 마음이 비어있는 아름다움은 허황된 미에 불과하다고 강조한다.

촉의 명재상 제갈 공명의 부인 황월영은 추녀로 알려져 있었다. 당시 제남의 명사였던 그녀의 부친 황승언은 제갈 공명을 만나 "내 딸은 비록 얼굴은 추하지만 재능은 자네와 비길 만하다"며 청혼을 하자 제갈 공명은 바로 승낙했다는 일화가 전해진다.

지성과 덕성을 겸비한 그녀는 천문, 지리, 병법에도 능통하여 제갈 공명이 오장원에서 죽기까지 3국 정립에 기여한 1등 공신의 역할을 했다.

미(美)와 추(醜)는 동전의 양면이다. 중국 미인을 대표한다는 춘추전국 시대의 미인 서시(西施)를 두고 서시유소추(西施有所醜)라는 말이 있다. 아름다운 서시(西施)에게도 추함이 있듯 성인군자에게도 결점이 있다는 의미다. 속은 검고 추하면서 겉은 아름답고 정숙한 체하는 사람을 위선자라고 부른다. 우리 주변에는 이런 부류의 사람들이 많다.

우월한 지위에 있다는 이유로 갑질하는 사람들, 노사 간에 불화를 부채질하는 사람들, 이해득실만 따지는 파당주의자들이 그들이다. 끊임없는 흑백 논쟁을 얘기하면서 스스로를 미화하고 상대를 하찮게 여기는 이들은 불신과 사회불안을 부추기는 암적인 존재다.

우리는 유례없는 짧은 기간에 1인당 국민소득 3만 달러를 달성했으나 그 여파로 사회전반에 걸쳐 많은 불협화음이 조성되었다. 우리 사회가 가장 우선해야 할 덕목은 조화와 화합이라는 생각이 든다.

소득증대로 인한 생활수준 향상은 사회 전반에 많은 변화를 가져왔다. 못 먹어 허리띠를 졸라맨 지가 엊그제 같은데 영양과다로 다이어트를 하는 사람이 늘어나는가 하면 성형 열풍이 불고 있는 현실을 보면서 격세지감을 느끼곤 한다.

부모로부터 물려받은 자연미를 강조해 온 내가 늙을수록 추레해져서는 안 된다는 아내의 강권에 못 이겨 성형외과를 찾았다. 간단한 레이저 시술로 얼굴의 주근깨와 잡티 20~30개를 빼고 나서 신수가 훤해졌다는 칭찬을 받았다. 성형 열풍의 의미를 알 것도 같았다.

사람들은 본능적으로 아름다움을 추구하고 추함을 싫어한다. 그러나 외모지향성이 지나치면 능력 있는 사람이 배제되거나 허례허식이 조장되어 사회를 병들게 할 수 있다는 주장도 만만치 않다. 우리나라 유수의 회사가 신입사원 최종 면접에서 관상을 보는 것은 외모보다 내면의 됨됨이를 알아내기 위해서다.

얼굴이 못생겼다고 비관할 일은 아니다. 못생긴 얼굴 때문에 출세하기도 한다. 작고한 코미디언 이주일은 '못 생겨서 죄송하다'면서 일약 스타가 되었다. 얼굴은 못생겼지만 영화의 주연을 맡아 톱스타의 반열에 오르거나 조연을 맡으면서도 주연 못지않게 인기를 누리는 배우들도 있다. 이들은 대중들의 인기를 끌 만한 개성을 지

녔기 때문이다.

요즘은 개성시대다. 예쁘게 성형 수술한 얼굴이나 헬스로 잘 다듬은 몸매를 가졌어도 개성이 없는 사람을 두고 “화려한 옷을 입은 마네킹과 같다”며 비하하기도 한다. 진짜 미인은 외모와 함께 독특한 개성을 지닌 내면이 아름다운 사람이다.

들국화여!

들국화는 인적이 드문 오솔길이나 호젓한 산야에서 꽃을 피운다. 사람들과 만나거나 번잡함을 싫어하기에 '외로움을 타는 꽃' '고독을 좋아하는 꽃'으로 알려져 있다.

찬란한 빛깔로 사람을 유혹하지 않고 보랏빛 순정을 가진 청순한 꽃, 별과 바람을 벗하면서 찬 서리 머금고 고고한 기품을 자랑하는 꽃이다.

가을을 대표하는 꽃을 들라면 대부분 코스모스나 국화라고 말한다. 코스모스는 한들한들 바람에 흔들리는 모습이 귀엽고, 국화는 고결한 자태와 그윽한 향기 때문에 사랑을 받는다. 그러나 야생화인 들국화도 대표적인 가을꽃으로 손색이 없다.

아침 일찍 산책하면서 찬 이슬 머금고 피어있는 들국화를 보아라. 목련처럼 탐스럽지 않고, 장미나 백합처럼 화려하지 않아도 순수하고 청초하다. 서정주 시인의 표현과 같이 국화가 '거울 앞에 선 누님 같은 꽃'이라면 들국화는 '심산유곡의 수줍음 타는 산골처녀 같은 꽃'이라 할 수 있다.

들국화는 꽃피는 봄, 태양이 작열하는 여름을 왕성하게 보내고 낙엽의 계절, 가을에 꽃을 피운다. 서리가 내리는 겨울이 되면 잎과 줄기는 말라 비틀어져도 뿌리는 살아 내년을 기약하는 강인한 식물이다.

척박한 땅에 뿌리를 내려 북풍한설과 눈보라에도 살아남아 새로운 삶을 다짐하는 끈기와 인내를 가지고 있다. 포기와 좌절을 딛고 일어서는 오뚝이 같은 인생이 이러할까.

일반적으로 구절초, 쑥부쟁이를 들국화라 부른다. 국화과에 속하는 야생화로 산의 정기를 받고 가을 하늘처럼 맑은 영혼을 가진 꽃들이다. 구절초와 쑥부쟁이는 생김새가 비슷하여 구별이 쉽지 않다.

여름에는 다섯 마디, 가을이면 아홉 마디로 늘어나는 구절초는 꽃대 하나에 흰색 꽃 한 송이가 피고 뿌리 부분의 잎 모양이 쑥과 비슷하다. 쑥부쟁이는 꽃대 하나에 연보라 꽃이 다발로 달리고 꽃잎의 크기는 구절초보다 작고 가늘다.

외진 곳에서 자라는 탓인지 들국화는 물소리, 바람소리, 새소리와 잘 어울리고 귀뚜라미 구슬프게 울어대는 휘영청 달 밝은 밤이면 더욱 고독해 보이는 꽃이다.

매일 아침 해운대 장산의 산책길에 오르면 철따라 피는 아름다운 꽃들이 나를 반긴다. 봄에는 벚꽃이 터널을 이루고 여름에는 앙증맞은 개망초, 접시꽃이 나를 반기지만 가장 애착이 가는 꽃은 가을의 들국화다.

나는 봄이면 시골 초가집 담장 밑의 개나리와 산기슭에 핀 진달래, 철쭉을 보면서 자랐고 가을에는 들국화 핀 들길을 거쳐 학교에 다녔다.

찬 서리가 내릴 때쯤 그윽한 향기를 내뿜던 들국화가 추위에 견디다 못해 시들어 버리면 왜 그렇게 가슴 한쪽이 허전했던지….

고향을 떠나 타향을 맴돈 지 반백 년이 넘어 계절의 변화에 둔감해질 나이가 되었지만 들국화가 시들고 찬바람 몰아치면 허전하고 서글픈 느낌이 밀려온다. 희수의 나이에 찾아오는 감성적인 느낌은 아마 흘려보낸 세월에 대한 회한 때문일 것이다.

세상이 아무리 변해도 지금까지 변하지 않은 것은 들국화를 사랑하는 마음이다. 외로움을 타는 고독한 꽃, 사랑스러운 들국화여!

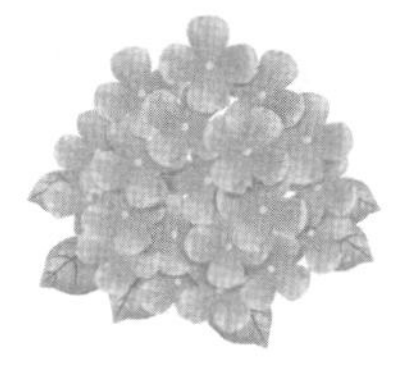

아듀! 운전

현대인이 문화생활을 누리는데 꼭 필요한 3가지는 운전, 스마트폰, 여행이라는 글을 본 적이 있다. 이 3가지는 분리해 생각할 수 없는 삼위일체라는 생각이 든다. 여행을 하기 위해서는 운전을 할 수 있어야 하고 통화나 사진, 내비게이션 역할을 하는 스마트폰 휴대는 필수다. 나는 이 3가지 중 운전을 할 수 없게 되어 버렸다. 잦은 접촉사고로 인하여 자의 반 타의 반으로 운전을 포기했기 때문이다.

나의 운전 경력은 40년이 넘는다. 30대 초 운전면허를 따 출퇴근하면서 20년 동안 차를 몰았고, 퇴직 후에도 외출, 여행 시 자주 운전대를 잡아 녹슬지 않은 운전 솜씨를 가졌다는 자부심을 가지고 있었다.

부산에서 차를 몰고 3박 4일 일정으로 설악산을 거쳐 오대산까지 다녀오기도 했고 입대한 아들 면회를 위해 경기도 가평까지 왕복하기도 했다. 마누라도 나의 운전 실력을 어느 정도 인정해 주는 편이었다.

사소한 부주의로 4~5차례 접촉사고가 발생하여 나의 운전에 대한 신뢰가 완전히 실추되고 말았다. 사고 내용은 식당에서 차를 빼면서 다른 차 범퍼를 스친다거나 아파트 지하 주차장으로 들어가다 부주의로 나오는 차와 옆면을 부딪치는 경우 등이다.

몇 차례의 접촉사고 이후 내가 차를 몰 때는 불안하다면서 마누라는 동승을 꺼렸다. 내 운전에 대한 불신감이 높아졌고, 급기야 운전을 그만두는 것이 좋겠다는 마누라와 아들의 통첩을 받기에 이르렀다. 계속하면 고령으로 더 큰 사고를 유발할 수 있다는 것이다.

자동차에 대한 해박한 지식을 가지고 있고, 도로교통 사정에 밝은 것도 베스트 드라이버의 요건이 되겠지만 더욱 중요한 것은 동승자에게 편안함을 주어야 한다는 것이 나의 오너드라이버 지론이다. 가족들의 불신을 받으면서 내가 굳이 운전할 이유가 없었다.

운전을 그만 둔 이후 웬만하면 걸어 다녔고 지하철, 버스 이용이 많아졌다. 또 장을 보거나 외출 시 운전은 마누라, 나는 동승자로 입장이 바뀌어 버렸다. 어느 면에서 편해졌다고 할지 모르지만 운전을 못하는데 대한 상실감이나 공허감이 생기는 것은 어쩔 수 없었다.

새 차를 타고 직장으로 출근했던 40년 전의 기억은 지금도 새롭다. 차가 귀할 때라 경비하시던 분이 출근하는 직원들에게 이 차는 오늘 처음 타고 온 누구의 차라고 소개하기도 했다.

첫 차와 10년 정도 함께 하는 동안 기억에 남는 한 건의 사고가 있었다. 상가(喪家)에서 밤샘 후 졸음운전으로 버스의 뒷부분과 충돌, 왼쪽 어깨 쇄골이 부러져 1주 정도 입원한 사고다. 당시 버스 승객 중 부상자가 한 사람도 없었지만 이 버스의 운전기사가 32일 동안 입원했다는 소식을 들었다. 출근길의 많은 입석 승객들은 멀쩡했는데 맨 앞자리에 앉은 버스 기사가 왜 다쳤는지 이해할 수 없었다.

사주가 가입해 놓은 다수의 상해보험과 운전자보험 때문이 아닌지 의심이 들었다. 그 이후 나이롱환자에 대한 단속과 벌칙을 강화하지 않으면 보험금 누수가 엄청나게 많아질 것이라는 생각을 해왔다.

가벼운 접촉사고에도 보험금을 더 타내기 위해 장기간 입원하는 나이롱환자에 대한 단속을 강화한다는 당국의 발표는 나의 바람을 해결해준 반가운 소식이었다.

2023년 1월부터 경상환자에 대해 '치료비 과실책임주의'가 도입되어 4주를 초과해 치료 받으면 치료비 중 본인과실 부분은 본인보험으로 처리(중상환자는 제외)토록 조치하고, 4주마다 진단서 제출이 의무화되는 등 보험금 심사 및 지급절차가 엄격해진다.

또 한의원의 상급병실 입원비 상한선을 설정하는 등 한방 진료비 과다 청구를 막기 위한 한방진료 항목의 인정기준을 강화하여 2022년 1월부터 시행하기로 했다. 나이롱환자가 한방에 몰려 지난 5년 동안 양방치료비는 20% 감소한 반면 한방치료비는 160% 폭증

한데 따른 것이다.

이번 제도개선으로 1인당 2~3만 원의 보험료를 낮출 수 있을 것으로 전망되고 있다. 만시지탄이지만 다행이라는 생각이 든다.

보험료 증가는 고령자 운전과 무관하지 않다. 고령자의 운전사고로 인한 사망은 일반인에 비해 2배나 된다. 75세 이상 운전자는 3년마다 운전면허를 갱신하고 치매검사와 적성검사를 하는 등 고령자 운전면허요건을 강화함에 따라 운전면허 자진반납 고령자도 늘어나는 추세다.

인지능력이 떨어지는 고령자의 사고를 줄이기 위해 운전면허 반납은 당연하다고 생각하지만 나는 아직 면허증을 반납하지 않고 있다.

운전은 비록 자의반 타의반으로 그만두게 되었지만 면허증까지 반납할 경우 신체의 한쪽을 사용할 수 없는 것처럼 허전한 느낌을 주기 때문일 것이다.

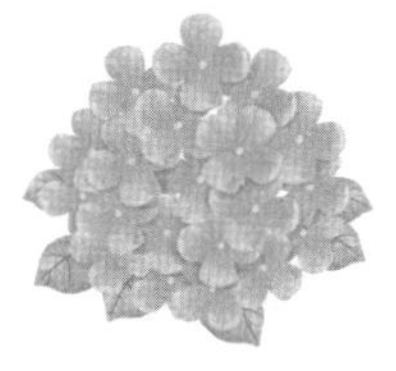

별의 순간

지구별에 귀한 외계의 손님이 왔다. 75억 년 전에 출발한 별빛이 지구에 도착한 것이다. 이 별빛은 태양의 40배나 되는 큰 별이 폭발할 때 발생한 것으로 지구에 도착할 때 육안으로도 볼 수 있었다고 한다. 별의 순간을 포착한 엄숙한 순간이었다.

1초에 지구를 7바퀴 반을 도는 태양의 빛이 지구에 오는데 걸리는 시간은 8분 20초다. 광년(光年)은 빛이 1년 간 달린 거리를 말하는데 그 빛이 75억 년을 달려 지구를 찾았다.

지구의 나이가 45억 년으로 추정되니 이 별빛은 지구가 생성되기 30억 년 전에 출발하여 이제야 도착했다는 계산이 나온다. 아! 우주는 얼마나 광대무변한가. 그 멀고도 먼 길을 찾아 왔으니 지구별로서는 참으로 반갑고 희귀한 손님이라 하지 않을 수 없다.

별빛의 내방을 두고 길흉을 예측하는 사람들이 많다. 흉조로 예측하는 사람들은 인간에 의해 지구가 자멸할지 모른다는 위험을 알리러 왔다고 말한다. 지난 100년 동안 지구 온난화로 멸종 위기종이 크게 늘어났고 이 상태가 지속되면 인간을 비롯하여 수많은 동식물이 멸종할 것이라는 전망이 나오고 있다.

소행성과의 충돌로 지구가 멸망하는 것을 암시하기 위해 왔다는 사람도 있다. 소행성이 지구와 충돌할 경우 지진과 해일을 일으켜 인류의 4분의 1이 순식간에 죽음을 맞게 되고, 먼지가 햇볕을 가리면서 생태계는 거의 전멸할 것으로 보고 있다. 과거 운석이 떨어져 지구의 생물 대부분을 멸종시킨 것과 같이 최근 소행성 충돌 시나리오가 많아지고 있는 것은 별빛의 방문과 무관하지 않다는 것이다.

또 하나의 위험은 핵과 세균전이다. 강대국들은 수천 개의 핵무기와 생화학 무기를 가지고 있어 단번에 지구가 멸망할 수 있는 잠재적 위험을 안고 있다. 인종 간의 다툼과 종교 갈등, 영토 분쟁으로 하루도 편할 날이 없는 지구촌은 인간의 무지와 자만, 탐욕에 의해 결국 핵과 생화학 무기를 사용하여 자멸하게 된다는 것이다. 핵보다 더 무서운 것이 생화학 무기다. 코로나19가 그 위험성을 단적으로 보여주고 있다.

길조로 예측하는 사람들은 흉조의 전조들이 성공적으로 해결되는 경우를 가정하고 있다. 길조보다 흉조의 가능성이 더욱 높은 것은 인간의 자만과 탐욕이 자제의 수준을 넘어서고 있기 때문이다.

우리가 자라났던 40~50년대에 별은 꿈과 희망의 상징이었다. 밤하늘의 수많은 별을 보면서 꿈을 키웠고 지구와 달, 태양이 어우러져 밀물과 썰물이 나타나듯 절기(節氣) 따라 농사를 지었다. 농민들은 달과 별의 거리와 빛깔을 보며 농사의 풍흉(豊凶)을 짐작했다.

점성가들은 별을 보고 점을 쳤다. 태어난 순간의 행성 위치와 별자리를 기초로 하여 길흉화복을 예측하는 것이 점성술이다. 삼국지의 제갈공명은 조조의 별자리를 보고 조조가 적벽대전에서 죽지 않는다는 것을 알았지만 관우에게 화용도에서 조조를 잡으라는 군령을 내린다. 관우가 도주하는 조조를 살려주어 조조로부터 입은 은혜를 갚도록 한 것이다.

별의 순간은 정치권에서도 화제가 되었다. 김종인 국민의 힘 전 비상대책위원장이 윤석열 전 검찰총장에게 “별의 순간을 잡은 것 같다”고 말하여 세인들의 관심을 불러일으켰다. 그는 “인간이 살아가는 과정에서 별의 순간은 한 번밖에 안 온다”며 대선 출마와 연관 지었다.

‘운명적 시간’ ‘결정적 순간’이 별의 순간이다. 그 기회를 잘 잡은 사람은 성공하고 기회를 놓치면 실패로 끝난다. 수양대군은 별의 순간을 포착하고 권람, 한명회와 함께 김종서, 황보인을 척살한 후 계유정난을 성공시켰다. 윤석열 전 총장이 권람, 한명회와 같은 모사들을 규합하여 ‘별의 순간’을 성공으로 이끌 수 있을지 관심이 모아지고 있다.

멀고 먼 외계에서 온 별빛이 지구촌의 길조가 되고 우리나라에도 행운의 메신저가 되기를 기원한다.

낙락장송

흰옷을 즐겨 입고 흰색을 숭상하는 우리 민족을 백의민족(白衣民族)이라 부른다. 태양숭배 사상에서 연유되었다고 하는 흰옷과 더불어 가장 좋아하는 나무는 소나무다. 산림청이 한국 갤럽을 통해 물어본 결과 46%가 소나무를 좋아한다고 답하였고, 그 다음 8%가 은행나무다.

예부터 소나무는 절개와 지조의 상징으로 여겨왔다. 애국가 2절은 '남산 위에 저 소나무 철갑을 두른 듯'으로 표현하여 우리 민족의 기상을 소나무에 빗대었다. 어린 조카(단종)의 복위를 도모하다 세조(수양대군)에게 죽임을 당한 성삼문은 "봉래산 제일봉에 낙락장송 되었다가/ 백설이 만건곤할 제 독야청청 하리라"며 굳은 절개를 낙락장송에 비유했다.

낙락장송(落落長松)은 가지가 늘어진 큰 소나무다. 시인 · 묵객과 친하게 지낸다. 고산 윤선도(孤山 尹善道)는 오우가(五友歌)에서 '내 벗이 몇이냐 하니 수석(水石)과 송죽(松竹)이라/ 동산에 달 오르니 그 더욱 반갑고야'라며 물, 바위, 소나무, 대나무, 달을 그의 가장 친한 친구라고 읊었다.

곧게 하늘로 뻗은 나무보다 S자 형태로 구불구불한 소나무를 귀하게 여긴다. 우리 고유의 빛깔과 곡선, 운치를 잘 살리고 있기 때문이다. 신선도(神仙圖)에 나오는 소나무는 하나같이 등이 굽은 소나무였다.

선비들의 풍류에는 어김없이 술과 더불어 달, 소나무가 등장한다. 낙락장송 휘늘어진 강가에 나룻배 띄어놓고 둥근 달을 벗 삼아 벗님네와 어울리면 그 누군들 흥취가 없겠는가.

소나무는 돌무더기나 바위틈과 같은 척박한 땅에도 뿌리를 잘 내릴 만큼 강인한 생명력을 지니고 있다. 그래서인지 배달민족을 상징하는 나라 꽃 무궁화와 같이 우리 민족의 근성에 잘 맞고, 가장 한국적인 미(美)를 지니고 있다는 평가를 받고 있다.

벼슬하고 있는 소나무도 있다. 조선 7대 세조가 속리산으로 행차할 때 '어가의 연이 노송에 걸린다'고 하자 가지가 스스로 위로 올라가 정2품 벼슬을 하사 받았다는 속리산 입구 정2품 송이 그 주인공이다.

초근목피로 연명했던 시절 소나무는 구황(救荒)작물이었다. 보릿고개가 심했던 50~60연대 소나무의 속껍질 송기(松肌)는 칡과 함께 기근을 면하게 해준 유용한 음식의 역할을 했다.

조선왕조 때는 집을 짓거나 배 만드는 주 재료가 소나무였다. 나라에서는 전국에 200개소의 봉산(封山)을 만들어 사람들의 출입을 막았고, 큰 소나무 10그루 이상 벌목하면 사형에 처할 만큼 벌목을 엄하게 단속했다. 집이나 배 건조 시에는 줄기가 곧고 마디가 긴 금강 소나무를 제일로 쳐주었다.

1960년대까지만 해도 소나무는 우리나라 산림면적의 60%를 차지할 만큼 절대적인 비중을 차지했다. 최근에는 소나무 에이즈로 불리는 재선충으로 인하여 소나무 비중이 23%로 급격히 줄었다. 재선충에 감염되면 껍질에 파고든 재선충이 수분과 양분의 이동통로를 막아 100% 말라 죽는다. 방제방법은 모두 베어 태우거나 약제로 훈증시키는 방법밖에 없다.

내가 수영구청에 있을 때 광안동 일대의 재선충에 감염된 나무를 모두 베어낸 후 비닐에 덮어 훈증시켰으나 그 이후 다시 감염되고 있다는 소식을 들었다. 재선충 때문에 우리 민족의 사랑을 받아온 소나무가 멸종에 이르지는 않을까 걱정된다.

의학이 발전하는 것과 비례하여 새로운 질병이 나타나고 있다. 인간은 암, 에이즈에 이어 코로나19로 괴로움을 당하고 있고 소나무는 솔잎혹파리, 송충이 떼에 이어 재선충으로 생존의 위기에 직면하고 있다. 내가 매일 오르내리는 해운대 장산의 소나무들은 큰 피해를 입지 않아 다행스러운 생각이 든다.

나의 산책길은 외롭지 않다. 입구부터 산기슭을 가득 메운 낙락장송들의 환영을 받기 때문이다. 진시황의 호위병들이 이랬을까?

나는 수많은 소나무들의 삼엄한 호위를 받으며 가슴을 펴고 호기롭게 산행에 나선다. 철따라 피고 지는 개나리, 진달래, 철쭉꽃을 보는 즐거움은 덤이다.

소나무만큼 자연과 잘 어울리는 나무가 있을까. 산의 능선이나 구름, 바위, 달은 물론이고 산새들의 지저귐, 바람소리, 물소리와도 기막히게 조화를 이룬다. 낙락장송을 보면 미움과 성냄도 사라지고 자연과 하나가 된다.

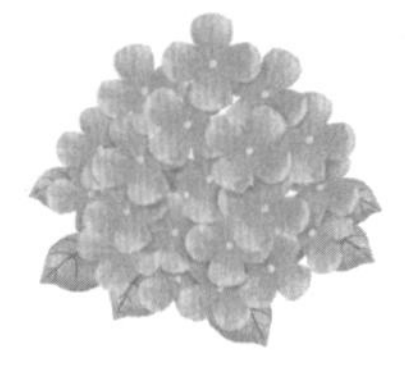

까치와 까마귀

까치와 까마귀는 민가 주변에 사는 텃새지만 사람들의 선호도는 다르다. 까치는 길조로, 까마귀는 흉조로 취급 받는다. 아침 일찍 까치가 '깍깍 깍깍'하고 울면 "오늘 반가운 손님이 찾아오려나?" 하고 반기지만 까마귀가 '까악 까악' 울면 "아침부터 재수 없게 웬 까마귀 소리냐?" 하면서 사람들은 언짢아한다.

어릴 때 시골집 앞마당 감나무 위에서 울어대는 까치는 아침을 알리는 전령사 역할을 했다. 동틀 무렵이면 어김없이 찾아와 사람들의 단잠을 깨웠고, 농부들은 까치소리를 들으며 일하러 나갈 채비를 했다. 감 수확 시기가 되면 사람들은 까치소리에 보답이라도 하듯 까치밥 몇 개를 남겼다. 잎이 떨어져나간 감나무에 파란 하늘을 배경으로 달려있는 빨간 까치밥 홍시, 시골에서 흔히 볼 수 있는 정겨운 풍경이었다.

"까치 까치 설날은 어저께고요/ 우리 우리 설날은 오늘이래요."

어린이들이 가장 기다리는 설날의 동요는 까치로 시작될 만큼 어린이들과 친숙한 새가 까치다.

까치와 달리 사람들은 까마귀를 싫어한다. 사람이 죽고 나면 찾아온다는 저승사자와 같이 온몸이 까만색 일색인데다 독수리와 같이 죽은 고기를 잘 먹는 특성 때문이리라. 시골 사람들은 아침 일찍 까마귀가 울어대면 '재수 없다'며 멀리 쫓아버렸고 나쁜 일이 생길새라 하루 종일 몸조심을 했다.

까마귀에 대한 이러한 인식은 잘못된 것이다. 까치와 까마귀는 까마귓과에 속하는 4촌지간으로 행동반경이나 식성이 비슷하다. 오지나 깊은 산속보다 민가 주변에서 열매나 곡물, 곤충 등을 먹으며 영역다툼 없이 어울려 산다. 칠월칠석 지상의 견우와 하늘나라의 직녀가 만날 수 있도록 은하수의 오작교 전설에 함께 등장하기도 한다.

까치는 은혜를 갚을 줄 아는 신의 있는 새로 알려져 있다. 어떤 선비가 과거 보러 한양으로 가는 도중 뱀 한 마리가 까치둥지 안의 새끼를 삼키려 하자 활을 쏘아 뱀을 죽이고 새끼를 구했다. 날이 저물어 빈 절간에서 잠을 자던 이 선비는 가슴이 답답하여 눈을 뜨니 큰 뱀 한 마리가 몸을 감고서 "낮에 죽은 남편의 원수를 갚으러 왔다. 종이 세 번 울리면 살려 줄 것이고, 그렇게 않으면 죽이겠다"고 했다.

절체절명의 순간 종이 세 번 울렸고 뱀은 사라졌다. 날이 밝자 절 뒤 종각으로 가보니 죽은 까치 세 마리가 있었다. 새끼를 구한 선비의 은혜를 갚기 위해 머리로 종을 들이받아 종소리를 낸 뒤 죽은 까치들이었다.

까마귀는 효심이 지극하다고 하여 반포지효(反哺之孝)의 새로 불린다. 까마귀의 어미는 60일 동안 새끼를 먹여 살리고 어미가 늙어 거동이 불편하면 새끼가 어미를 봉양하는 상생의 도리를 실천하는 새다. 조선 광해군 때의 문신 박장원(朴長遠 1612~1671)은 새끼 까마귀가 기력이 떨어진 어미에게 먹이를 먹여주는 것을 보고 반포조(反哺鳥)라는 시를 지어 자신의 불효를 한탄했다고 한다.

> 연로한 어버이 계시는데 / 맛난 음식도 대접 못해 드리네
> 미물도 사람을 감동시키니 / 숲속의 까마귀 보고 눈물 흘리네

은혜를 갚기 위해 종각의 종에 머리를 부딪쳐 죽은 까치의 설화는 얼마나 우리의 가슴을 훈훈하게 했던가. 아울러 미물이지만 늙어 거동이 불편한 어미 새를 봉양하는 까마귀는 오늘날 효를 잊고 사는 많은 사람들의 삶을 되돌아보게 한다.

고향에 대한 진한 그리움을 나타내는 말로 '고향 까마귀만 봐도 반갑다'는 말이 있다. 고향 떠난 사람들이 어찌 까마귀만 그리워하리. 반백 년 동안 고향을 등지고 살았지만 나는 지금도 마을 앞 냇가 버드나무에 둥지를 틀고 살았던 까치, 청보리 이랑에서 봄을 찬미하는 노래를 불렀던 종달새, 가을이면 들판을 가득 채웠던 황금빛 벼 이랑, 겨울이면 군무를 펼쳤던 갈까마귀 떼를 잊지 못한다.

"까마귀 노는 곳에 백로야 가지 마라."

깨끗한 사람이 불량한 사람과 어울리지 않도록 경고하는 시조의 한 구절이다. 백로를 깨끗함의 상징으로, 까마귀를 악의 상징처럼 표현하는 것은 색깔 차이에서 보는 편견일 뿐이다. 겉은 백로인 척 하지만 시커먼 속을 가진 사람이 한 둘이던가. 겉 다르고 속 다른 사람들은 동족과 어울려 조화롭게 살면서 다른 조류에 해를 끼치지 않는 까마귀의 착한 심성을 배워야 할 것이다.

까마귀는 똑똑하고 영리한 새라고 조류학자들은 말한다. 잘 잊으면 '까마귀 고기 먹었나?'고 빗대지만 이것은 잘못된 표현이다. 까마귀는 사람들의 얼굴을 기억할 만큼 기억력이 좋을 뿐 아니라 상황에 따라 도구를 사용할 줄 알고 흉내도 잘 낸다.

시골에 살던 장인이 외지에서 별세하자 까마귀들은 마을 입구 느티나무에서 며칠 동안 떼 지어 울었다고 한다. 마을사람들의 얼굴을 알고 있는 까마귀들은 장인이 돌아오지 않은 것을 알고 마을 입구 느티나무에 앉아 울면서 기다렸다는 마을사람들의 말이다.

나의 아침 산책은 새들의 울음소리와 함께 시작된다. 해운대 장산(萇山) 기슭 넓은 무대의 주인공은 연미복을 입은 까치와 까만 정장을 한 까마귀이다. 주연의 공연이 시작되면 다른 새들은 화답하고 이들의 울음은 하모니를 이룬다. 아파트 주변과 산기슭을 맴돌면서 우리와 친숙해 진 까치와 까마귀, 항상 즐거움을 주는 길조(吉鳥)로 남았으면 하는 바람이다.

김장의 추억

해마다 김장철이 다가오면 어린 시절 고향의 김장 풍습이 생각난다. 김장은 손이 많이 가는 작업이라 전 가족이 매달렸고 때로는 이웃사람들의 도움을 받기도 했다. 보릿고개로 끼니를 거르는 경우가 있어도 김장은 어김없이 담갔다. 배추김치를 버무리고 나면 동치미(작은 무를 주재료로 만든 물김치)도 함께 만들었다. 요즘처럼 김치 냉장고가 없을 때라 오래 먹을 김장독은 땅속에 묻었고 김장 후 남은 시래기는 말려 국거리로 요긴하게 사용했다. 보리밥에 김치, 시래깃국만 있으면 감지덕지하고 겨울을 나던 시기였다.

농부들의 월동준비는 식량, 김장, 땔감을 장만하는 일이었다. 이 중 한 가지라도 불비하면 그 해 겨울은 엄청난 시련을 겪어야 했다. 주린 배 채우기에 급급했던 당시 겨울은 왜 그렇게 추웠던지…. 변변한 옷 한 벌 없이 손가락을 호호 불면서 십 리 들판 길을 오가며

학교에 다녔던 기억이 새롭다.

우리 민족은 오랜 옛날부터 배추를 절여 김장을 만들었다. '소금에 절인 채소'라는 어원(語源)을 가진 김치는 고춧가루, 생강, 마늘, 젓갈을 넣고 발효만 시키면 한 겨울을 지낼 수 있는 요긴한 반찬이 되었다. 채소가 나지 않는 겨울철에 대비하여 김장을 만든 선조들은 참으로 지혜롭다는 생각이 든다.

한국인의 밥상은 김치가 주연이고 다른 것은 보조 역할을 했다. 김치는 말 그대로 만능이었다. 김치만 있으면 김치찌개, 김치볶음밥, 김칫국, 김치전, 김치찜을 만들어 먹을 수 있었다. 외국여행을 할 경우에도 "김치가 없으면 밥이 넘어가지 않는다"며 끼니 때마다 배낭에서 김치를 꺼내 먹는 사람들을 우리는 흔히 볼 수 있었다.

우리가 학교에 다니던 50~60년대의 도시락 반찬은 대부분 김치였다. 겨울철 교실 난로 위에 포개어 얹어 둔 도시락에서 밥 타는 냄새와 시큼한 김치 냄새가 나기 시작하면 허기가 지기 시작했고, 염불보다 잿밥에 더 관심이 많았던 우리는 점심을 알리는 종이 울리기 무섭게 도시락을 먹었다. 보리쌀이 섞이지 않은 하얀 쌀밥에 계란 프라이나 멸치볶음을 한 누군가의 도시락이 보이면 그렇게 부러울 수가 없었다.

배추는 다섯 번 죽어야 김치가 될 수 있다고 한다. 땅에서 뽑을 때 한 번 죽고, 배를 반으로 가르면서, 소금에 절이면서, 젓갈에 범벅이 되면서, 장독에 담겨 땅에 묻히면서, 모두 다섯 번을 죽은 후 숙성의 과정을 거쳐야 비로소 김치가 되어 식탁에 오를 수 있다는 것이다.

“벼가 영글면 고개를 숙이는 것처럼 다른 사람을 이해하고 배려하는 숙성된 삶을 살아야 한다”고 어른들은 가르쳤다. 다섯 번 죽어 숙성의 과정을 거치는 김치의 삶! 오늘을 사는 우리가 배워야 할 덕목이라는 생각이 든다.

김치는 한국인의 밥상에서 주연의 역할을 할 뿐 아니라 면역력을 높여주는 식품으로도 알려져 있다. 2002년 말 중국에서 시작된 사스(SARS)가 전 세계적으로 유행했을 때 한국이 피해가 적었던 것은 김치가 발효할 때 나오는 유산균 때문이라고 하여 김치가 세계적인 건강식품으로 떠오르기도 했다.

오늘날 김치는 68개국을 대상으로 수출하는 세계적인 식품으로 성장했고, 2013년에는 유네스코 인류문화재산으로 등재되어 김치 종주국으로서의 위치가 확고하게 되었다.

김치의 우수성과 김장 담그는 방법을 알리는 해외 방송사들도 늘고 있으며, 2018년에는 파리국제식품박람회에서 김치를 주제로 하는 다양한 요리를 선보여 해외 바이어들의 호평을 받기도 했다.

그러나 김장시장의 여건은 그렇게 밝지 않다는 것이 공통된 의견이다. 김장하는 가구는 10가구 중 6가구 정도이고 소비하는 김치의 양도 10년 동안 반으로 줄었다는 농림축산식품부의 발표가 있었다. 핵가족으로의 분화, 맞벌이 부부와 외식인구의 증가로 김장을 외면하기 때문이다.

웃어른을 모시고 어렵게 살았던 우리 세대의 밥상에는 단골 메뉴인 김치와 된장, 시래깃국 외에는 별다른 반찬이 없었고 멸치국물로 우려낸 김치국밥이나 김치전, 김치찜 등 김치를 소재로 하는 음식은 간혹 특식으로 먹었다. 요즘 세대들은 김치보다 피자나 스파게티, 햄버그에 길들여져 있으니 김치소비가 늘어날 리 없다.

김장하는 집들이 줄어드는 반면 값싼 중국의 김치 수입 물량은 해마다 늘어나고 있다. 당국의 통계에 따르면 김치수입이 수출보다 10배나 많고 수입김치의 대부분은 중국산이라고 한다. 중국산은 비위생적이라는 선입견이 있어 소비자들이 기피하는 경향이 있지만 값이 싸다는 장점 때문에 국내 시장 점유율이 계속 높아지고 있는 실정이다.

우리 집은 금년으로 김장을 마감하고 내년부터 포장 김치를 구입하기로 했다. "몸이 말을 듣지 않아 더 이상 김장을 하기 어렵다"는 마누라의 요청을 거절할 수 없어 나도 묵시적으로 동의했다.

고향을 떠난 지 50년이 넘었지만 나는 지금까지 고향의 김치 맛을 잊지 않고 있다. 어릴 때 김장독에서 갓 꺼낸 김치를 손으로 찢어 밥숟가락에 얹어 먹던 시골 어머니 표 김치 맛! 그 맛을 계승한 것이 마누라의 김장 솜씨다. 마누라는 특산지 배추를 천일염으로 절인 후 명태 우린 물에 고춧가루, 새우젓갈, 굴을 넣어 우리 집만의 마누라 표 김치를 만들었다.

결혼한 이후 한 해도 거르지 않았던 김장을 마감하게 되면 오랫동안 집 김치에 맛들여 온 내가 시장의 완제품 김치에 적응할 수 있을지 걱정이다.

〈 제19회 세계문학상 본상 수상 작품(2021년) 〉

사랑의 매

부모나 스승이 훈육목적으로 아이들을 체벌하는 것을 사랑의 매라고 한다. 회초리로 때리는 체벌을 하면서 사랑의 매라고 하는 것은 사랑으로 선도한다는 뜻이 들어있다. 문제가 되는 것은 체벌과 학대의 기준이 애매하다는 것이다. 어느 교육 전문가는 손바닥에 자국이 남으면 체벌의 매도 학대가 될 수 있다고 지적한다.

부모가 자녀체벌을 못하도록 민법개정을 추진하고 있다. 민법상 '친권자는 자녀를 보호, 교양하기 위해 필요한 징계를 할 수 있다'는 자녀 체벌권을 정부가 삭제하겠다는 것이다. 이를 두고 찬반양론이 팽팽히 맞서고 있다.

체벌을 찬성하는 사람들은 "미운 아기 떡 하나 더 주고 예쁜 아기 회초리 한 대 더 주라"는 옛말과 같이 자녀체벌은 학습에 도움이 되고 절제와 인내심을 길러 강한 아이로 키울 수 있다고 주장한다.

체벌을 반대하는 사람들은 육체적 고통을 수반한 징계는 심리적 좌절감이나 갈등을 심어주게 됨으로 결코 좋은 교육방법이 될 수 없다고 말한다.

폴란드 태생의 정신과 의사 엘리스 밀러(Alice Miller)는 '사랑의 매는 없다'는 저서를 통해 "어른들은 자녀들을 사랑하기 때문에 매를 든다고 하지만 어린시절 매를 맞고 자란 아이들은 예속적인 인간이 되어 같은 방법의 폭력을 대물림하게 된다"고 기술하고 있다.

체벌과 매는 양날의 칼이다. 매는 학대가 될 수 있지만 과하지 않으면 도움이 될 수 있다는 주장도 만만치 않다. 수필가 K씨가 사랑의 매에 대하여 쓴 수필 한 토막이다.

> 나는 초등학교 시절 짓궂기로 소문이 난 아이였다. 시골 마을의 또래들과 어울려 다니며 남의 참외를 몰래 따 먹다 들켜 혼이 난 적도 있고, 다른 동리 아이를 때려 맞은 아이 엄마가 집으로 찾아와 항의를 하기도 했다. 지나치게 말썽을 피우면 엄마는 가끔 회초리를 들고 종아리를 때렸는데 나는 그때마다 사랑방의 할아버지가 도움을 주실까봐 '아야, 아이고 아파'하면서 할아버지 방 쪽으로 고함을 질렀다.
>
> 엄마는 때리고 난 후 마음이 아리어인지 돌아앉아 눈물을 찍어 내셨다. 미운 짓만 골라하던 내가 사람 구실을 할 수 있게 된 것은 그때 어머니가 때린 사랑의 매 때문이었을 것이다.

K씨는 자식에 대해 가장 잘 알고 있는 것은 부모이므로 부모가 훈육목적으로 하는 체벌까지 국가가 간섭해서는 안 된다고 주장한다. 이 주장을 뒷받침하듯 보건복지부의 최근 여론조사에 따르면 부모의 자녀에 대한 체벌권이 필요하다는 주장이 68%에 달하고 있다.

자녀체벌 금지법이 발의된 이면에는 아동학대가 해마다 늘어나고 있는데 기인한다. 통계상으로 보면 2001년의 아동학대 신고건수는 2,100건이었으나 2015년에는 10,000건, 2017년에는 22,000건으로 증가하고 있어 심각한 사회문제가 되고 있기 때문이다.

학대와 체벌은 엄격히 구별되어야 한다. 학대는 사람이나 동물을 가혹하게 괴롭히는 것이다. 매를 들고 때리는 신체적 학대는 물론이고 언어폭력, 강요, 정서적인 위협도 학대죄에 포함된다. 반면에 체벌은 훈육이나 선도가 목적이지만 아동의 인격이 무시되고 인권이 침해될 소지가 있다.

아동의 인권침해는 엄하게 다스려야 하겠지만 사랑의 매까지 처벌하는 법 개정은 너무 야박하고 가혹하다는 느낌이 든다.

우리나라는 유교의 전통을 이어받아 국가에 충성하고, 부모에게 효도하며 웃어른을 공경하는 삼강오륜을 미덕으로 삼는 나라인데 이 법으로 부모, 자식 간에 또 다른 불신의 장벽을 만들지 않을지 걱정된다.

오늘날은 불신의 시대라 해도 지나치지 않다. 정치권은 정파의 이익만 앞세우고 민생은 뒷전이라는 비난을 받아온 지 오래다. 노인학대 10건 중 9건은 가정에서 발생하고 50%는 아들에 의한 것이라는 조사결과가 발표되었다. 노인 학대의 주범이 아들이라는 것이다. 아동 학대도 80%는 부모에 의해 발생하는 것으로 나타났다.

이러한 사회적 문제들은 교육제도의 잘못에서 비롯되었다고 지적하는 전문가들이 많다. 어릴 때부터 지나친 입시위주, 서열위주의 교육을 받다보니 국가나 사회보다 개인을 먼저 생각하는 개인주의, 이기주의가 만연해 가족 간, 계층 간, 세대 간의 불신으로 나타나고 국가관에도 심각한 영향을 미치게 된다는 것이다. 사회 일각에서는 도덕 교육을 부활하고 경로효친 사상을 재정립해야 한다는 목소리가 높아지고 있다.

역사적으로 볼 때 윤리 도덕이 바로 선나라는 사회 기강이 엄정하게 정립되어 젊은이들의 애국심도 강한 것으로 입증되고 있다. 이스라엘과 중동의 6일 전쟁은 지금도 애국심을 증명하는 척도로 많은 사람들에게 회자되고 있다. 1967년 영국의 한 대학 기숙사에서 같은 방을 쓰고 있는 이스라엘 유학생과 이집트 유학생 두 사람에게 이스라엘과 중동 국가 간에 전쟁이 일어났다는 소식이 전해졌다.

이스라엘 유학생은 "사랑하는 나의 조국이 위기에 처했는데 한가하게 공부나 하고 있을 수 없다. 조국에서 소환하기 전에 하루라도 빨리 귀국하여 싸움터로 나가야겠다"며 서둘러 고향으로 돌아갔다.

이집트에서 온 유학생은 "전쟁터에 나가면 언제 죽을지 모르는데 입대 영장이 발부되기 전 안전한 미국으로 도피하겠다"며 미국으로 달아났다. 이 전쟁은 6일 만에 이스라엘의 일방적인 승리로 결말이 났다. 많은 사람들은 극명한 두 학생의 애국심의 차이에서 이미 승부는 났다고 말하고 있다.

만약 우리나라에 중동전과 같은 위기상황이 발생하면 외국에 나가있는 유학생들이 참전하기 위해 얼마나 자진 귀국할 것인가?

대부분 귀국하지 않을 것이라는 의견이 지배적이다. 고국의 위기를 구하기 위하여 유학생활을 포기할 만큼 이들의 애국심이 강하다고 생각하지 않기 때문이다.

자녀 체벌금지법이 새로운 불신을 조장하지 않기를 바라면서 윤리 도덕이 바로 서고, 사회 기강이 엄정한 나라가 되기를 기원한다.

제 5 장

미스터 트롯 열풍

혜안(慧眼)

눈은 마음의 창으로 사람의 몸에서 가장 중요한 부분이다. 눈 귀 코 혀 피부 등 오관(五官)의 어느 것 하나 중요하지 않은 것이 없지만 사물을 식별할 수 있는 눈에 비하면 다른 부분의 중요도는 떨어진다. 흔히들 몸이 천 량이라면 눈은 구백 량이라고 말한다.

오래전부터 눈이 침침했으나 차일피일 미루어오다 아내의 권유로 안과를 찾았다. 결과는 의외로 심각했다. 백내장이 진행되고 있고 녹내장 증세까지 있다는 것이다. 수술을 해도 당장 개선되지 않으므로 정기적인 검진을 받으면서 꾸준히 치료해야 한다는 진단이 나왔다.

막상 눈의 상태가 좋지 않다는 진단을 받으니 일찍 병원을 찾지 못한 자책감과 함께 더 나빠지면 어찌할 것인가 하는 걱정 때문에 더럭 겁이 났다. 다른 한편으로는 늘그막에 이르기까지 긴 세월에 걸쳐 제대로 돌봐 주지 못했기에 눈에 대한 미안한 마음도 들었다.

질병관리의 상책은 병에 걸리지 않도록 예방하는 것이고 중책은 초기에 발견하여 치료하는 것이며 하책은 늦게 발견한 환부에 수술을 하거나 장기적으로 치료하는 방법인데 나는 하책을 택한 셈이다. 평소 건강할 때는 눈의 중요성을 느끼지 못하고 살아오다 시력이 나빠진 후에야 그 고마움을 알다니 후회막급이다.

대부분의 사람들은 부모님이 물려준 육안(肉眼)을 가지고 있다. 앞만 볼 수 있을 뿐 뒤에 있는 사물은 볼 수 없는 것이 육안이다. 나는 평소 사물을 잘 식별할 수 있는 육안을 가지고도 이를 제대로 활용하지 못한 속물에 속한다. 지척에 있는 것도 분간하지 못하여 길치라는 말을 자주 들었고 가정에도 소극적이어서 아내로부터 퇴박맞기 일쑤였다.

사물을 식별할 수 있는 능력은 말할 것 없고 미래를 어느 정도 가름할 수 있는 눈이 혜안(慧眼)이다. 심안(心眼)과 일맥상통한다. 육안은 누구나 가지고 있으나 혜안을 가지고 있는 사람은 드물다.

헬렌 켈러 여사는 보지도 듣지도 말할 수도 없었지만 혜안을 가지고 천형을 극복한 대표적인 인물이다. 뇌막염에 걸려 신체의 모든 기능을 잃게 되었지만 7세 때 설리번 선생님을 만나 난관을 하나씩 극복해 나가면서 래드클리프 대학을 우등생으로 졸업했고 인문학 박사, 법학 박사 학위를 받았다. 5개 국어를 능통하게 구사할 줄 알았던 그녀는 장애를 극복하고 여성인권운동가로 활동하면서 사회통합에 기여한 미국 역사상 가장 위대한 여성의 한사람이었다. 그녀는 "나는 눈과 귀와 혀를 빼앗겼지만 내 영혼은 잃지 않았다"면서 심안(心眼)이 있어 소망을 이루어낼 수 있었다고 말했다.

율곡(栗谷) 이이(李珥)도 미래를 예측하는 혜안을 가지고 있었다. 임진왜란이 일어나기 9년 전 병조판서로 재직 중이던 1583년 "10만의 정예를 양성하여 국난에 대비해야 한다"고 선조에게 건의했다. 소위 말하는 10만 양병설이다. 그는 이 병력을 도성에 2만, 각도에 1만 명씩 분산 배치하여 힘을 비축해오다 병란이 생기면 합쳐 대항해야 한다고 주장했다. 당파 싸움의 와중에 이 건의는 묵살되었고 그는 반대당인 동인의 탄핵을 받아 관직에서 쫓겨나 이듬해 병사(病死)했다.

그로부터 9년 후 왜적이 침입하자 선조는 백성들의 만류를 뿌리치면서 도성을 버리고 의주로 몽진하였고 나라는 초토화되었다. 이율곡의 건의대로 10만 양병설을 채택하여 국방을 강화했다면 전쟁의 판도는 달라졌을 것이다. 당시 양병설을 반대했던 대신(大臣)들은 전운이 급박하자 백성들을 버리고 앞다투어 피신했다고 전해진다.

고질적 파당 싸움은 지금도 계속되고 있다. 옛날보다 더 심각해졌다고들 말한다. 오관의 한 부분에 이상이 생기면 환부를 도려내는 수술을 단행해야 하는데, 현재의 상태는 수술도 어렵다. 메스를 들이대면 "병든 상대를 두고 멀쩡한 내가 왜 수술 받아야 해?" 하며 수술대에 오르기를 거부할 것이기 때문이다. 혜안(慧眼)을 가진 지도자도 보이지 않는다.

"글로벌 시대에 살아남으려면 마누라 말고는 모두 바꾸어야 한다."

삼성 이건희 회장이 임직원들에게 강조한 말이다. 정파(政派)의 지도자들이 새겨들어야 할 대목이다.

우리 사회의 지도자들은 남의 탓으로 돌리는 고질병을 갖고 있다. 정치가들이 상용 수법으로 사용하는 소위 '내로남불'이다. 국론분열로 한시도 조용한 날이 없는 오늘날 자기 잘못을 인정하는 인간개조만이 사회통합을 이루는 지름길이라는 생각이 든다.

그때 그 사람

- 지금은 전설이 되었지만 해마다 춘궁기에 숙명처럼 다가온 '눈물의 고개', '기아의 고개'라 일컫는 '보릿고개'를 없앤 사람
- 농어촌 소득을 높이고 낙후된 환경을 개선하기 위한 '새마을 운동'을 거국적으로 벌여 농어촌 근대화를 정착시킨 사람
- 민족중흥이라는 원대한 꿈을 내걸고 1, 2, 3차 경제개발 계획을 성공적으로 추진하여 '한강의 기적'을 이룩한 사람

정국이 혼란스럽고 경제가 어려워지면 생각나는 그때 그 사람. 박정희 전 대통령이다. 호사가들은 그의 업적에 대하여 대통령으로서 누구나 할 수 있는 일이었고, 오히려 독재정권을 세워 민주주의를 퇴보시킨 장본인이라고 그를 폄하한다.

당시 장면 내각 아래에서 정국은 좌우로 갈라져 이념논쟁으로 날을 세웠고, 민생은 도탄에 빠져 미국의 원조에 의해 연명하고 있는 절망적인 상태였다.

5.16 군사혁명이 일어난 1961년도 우리나라의 국민소득은 76달러로 세계 120개 국가 중 인도 다음으로 못 사는 나라였다. 그때 필리핀의 국민소득은 170달러, 태국은 220달러로 우리의 2~3배에 달했다. 북한과 비교해도 수출은 북한의 반, 소득은 3분의 2밖에 안 되었다.

세계에서 2번째로 가난한 나라, 한 끼의 식사를 걱정해야 하는 나라인 우리의 유일한 해결책은 경제개발을 통해 국력을 배양하는 길 밖에 없었다. 정부에서는 제1차 경제개발 5개년 계획(1962~1966)을 세우고 이를 추진하기 위하여 미국 · 영국 · 캐나다에 차관을 요청했으나 전쟁으로 폐허가 된 나라, 자원도 없고 신용도 없는, 내일을 기약할 수 없는 나라에 차관을 줄 수 없다는 이유로 거절당하고 만다.

자본과 기술이 없는 우리가 가장 쉽게 돈을 버는 방법은 인력수출이었다. 정부의 해외인력송출계획에 의거 1차 경제개발 5개년이 시작된 다음해부터 14년(1963년~1977년)에 걸쳐 7,986명의 광부가 서독으로 갔다. 뒤이어 8년(1964년~1972년) 간 연33만 명이 월남전에 파병되었고, 10년(1966년~1976년) 간 서독과 특별고용계약을 맺어 간호사 10,216명이 파견되었다.

광부들은 지하 1,000m에서 섭씨 40도의 열기를 견디며 일했고, 간호사들은 알코올을 거즈에 묻혀 시신을 닦는 일, 중환자들의 대소변을 받아내는 어려운 일들을 했다.

경제개발 자금을 빌리기 위해 뤼브케 대통령의 초청으로 1964년 12월 서독에 간 박정희 대통령과 광부, 간호사들과의 일화는 지금도 세인들의 입에 오르내리고 있다.

미 노스웨스트 항공사와 서독 행 전세기 계약을 체결했으나 쿠데타 군에게 전세기를 빌려줄 수 없다는 미 정부의 압력에 따라 계약이 취소되자 서독 정부에서 국빈용 항공기를 빌려주어 출발하게 되었다.

고국 대통령의 방문소식에 루르 지방의 함보른 탄광회사 강당에 대기하던 300명의 광부와 50명의 간호사들이 대통령을 맞았다. 연설에 앞서 애국가가 흘러나오자 참석자들은 흐느끼기 시작했다.

> "조국을 떠나 이역만리 남의 나라에서 얼마나 고생이 많으십니까? 조국은 가난하지만 우리는 일어설 수 있습니다. 열심히 일합시다. 후손들을 위해 열심히 일합시다."

연단에 선 대통령은 '조국은 가난하다'는 말을 하면서 목이 메어 연설을 이어가지 못했고 간호사, 광부들의 흐느낌은 통곡으로 변했다. 배석한 뤼브케 대통령도 눈물을 흘렸다. 대통령 일행이 떠나려 하자 간호사들은 육영수 여사 앞으로 다가가 "어머니, 우리를 두고 떠나시렵니까? 고향에 가고 싶습니다" 하면서 옷자락을 잡고 울었다.

간호사, 광부들은 떠나는 대통령 일행을 따라가다 끝내 '대통령 각하 안녕히 가십시오' '만세, 대한민국 만세'를 소리 높여 외쳤다. 수행원의 한 사람은 뒷날 "우리는 그때 눈물을 흘리는 것 말고 아무것도 할 수 없었다"고 술회했다.

박 대통령은 서독 지도자들을 만나 "대한민국 국민들은 절대 거짓말을 하지 않습니다. 돈을 빌려 주세요. 반드시 갚겠습니다"며 호소를 했고, 4,770만 달러의 무담보 차관을 얻는데 성공했다. 이 돈은 도로, 항만 등 사회간접자본 건설에 큰 몫을 했다.

월남 파병기간 중 받은 해외 근무수당은 2억 4천만 달러이었지만 우리 기업들은 군수물자 납품과 용역사업으로 파병 8년 동안 67억 달러의 부수입을 얻었다. 이때 얻은 자금과 기술이 경부고속도로 건설과 댐, 발전소, 제철공장 건설의 토대가 되어 경제부흥을 가속화시켰다.

경부고속도로는 월남 참전기간 중에 착공하여 2년 5개월(68.2.1~70.7.7) 만에 건설되었다. 월남전 참전으로 거둔 부수입 67억 달러는 경부고속도로 45개를 건설할 수 있는 큰 금액이었다.

월남전 철수 기업들은 1975년부터 1979년까지 중동지역으로 대거 진출, 205억 달러의 외화를 벌어들여 중동신화의 주역이 되었다. 당시의 상황에 대하여 한 평론가는 신문기고에서 이렇게 썼다.

> "대한민국 국민들이여, 당신들은 정녕 아는가. 지금 우리가 누리고 있는 이 풍요는 그 시절 '따이한'들이 전쟁터에서 흘린 피와 바꾼 것이었고, 파독 광부와 간호사 · 수출전사들이 이국땅에서 흘린 땀의 결실이라는 역사적 진실을…."

민족의 대동맥 경부고속도로 건설은 야당의 극렬한 반대를 무릅쓴 박정희 대통령의 결단으로 이루어졌다.

“경부고속도로 건설은 절대로 해서는 안 된다. 차 있는 사람들만 팔도 유람하고 다닐 것 아닌가? 쓸데없는 돈 낭비다.”

착공 당시 신민당 김대중, 김영삼 국회의원을 비롯한 야당의원들의 극렬한 반대에 부딪쳐 제대로 완공할 수 있을까 하는 우려를 자아내기도 했지만 박 대통령은 야당의 반대를 단호하게 뿌리쳤다.

그는 정주영 현대건설 회장과 함께 현장을 시찰하면서 공사를 독려했고, 공사관계자 전원이 불철주야 매달려 1km에 1억 원, 총 429억 원이라는 저렴한 공사비로 공기 내에 경부고속도로 공사를 완공할 수 있었다. 만약 경부고속도로 건설이 중단 또는 지연되었다면 우리나라 경제판도는 달라졌을 것이다.

현 정부는 2020년 6월 30일 추풍령 휴게소에서 조국 근대화의 초석이 된 경부고속도로 개통 50주년을 기념하는 기념비 2개(왼쪽은 기념비문, 오른쪽은 유공자 531명의 명단)를 세웠다. 그런데 이 기념비에 경부고속도로 건설을 주도한 박정희 대통령의 이름은 빠져 있었다.

이에 격분한 많은 사람들이 “김현미 국토교통부 장관의 이름은 크게 새겨져 있고, 건설의 주인공 이름은 없다”며 당국에 항의했지만 납득할 만한 해명을 내놓지 않아 문재인 정부의 역사관이 얼마나 잘못되었는지를 보여 주었다. 경부고속도로 공사 개통 50주년 기념비에 주역이 빠진 역사의 아이러니를 우리는 개탄하지 않을 수 없다.

1968년 야당의 반대에 부딪친 경부고속도로(京釜高速道路) 공사는 2003년 지율스님의 단식농성으로 2년 간 공사가 중단된 경부고속전철(京釜高速電鐵)과 대비된다.

경부고속전철 마지막 구간인 천성산의 지하터널을 뚫으면 도롱뇽이 달아나 생태계에 영향을 줄 수 있다는 이유로 지율스님의 단식농성이 이어지자 노무현 대통령은 결국 공사를 중단시켰다. 도롱뇽 사건으로 공사가 중단된 후 2005년 공사재개 시까지 입은 경제적 손실은 2조 5천억 원으로 추정된다고 대한상공회의소가 발표했다.

지율스님은 그 후 제주도 강정마을 해군기지 건설 반대시위에도 앞장서 불도를 닦는 본연의 임무를 버리고 사회혼란을 부추긴다는 비난을 받았다.

박정희 대통령은 생전 "나는 조국을 위하여 내 갈 길을 갈 것이다. 나를 비난하는 사람들은 죽은 후 내 무덤에 침을 뱉어라"고 말했다. 할 일 모두 하고 죽은 뒤에 어떤 비난이나 수모를 주어도 좋다는 의미다.

그가 죽은 후 사람들은 그의 무덤에 침 대신 쇠말뚝을 박았다. 한두 개가 아니고 4천여 개에 달한다. 현충원 관계자는 잔디 흘러내림을 막기 위한 것이라고 하나 흙과 상극인 쇠말뚝을 박는 이유가 될 수 없다는 지적을 받고 있다. 풍수지리에 근거한 혈을 막으려고 한 짓이라는 말도 있다. 인근 대통령 묘역에는 발견되지 않은 쇠말뚝이 왜 그의 무덤에서만 나왔는지 철저히 규명되어야 할 것이다.

그에게 항상 따라다니는 것은 유신독재다. 최순실 국정농간과 관련하여 박근혜 전 대통령과 싸잡아 그를 비난하기도 한다. 동전에 양면이 있듯 대통령에 대한 평가는 당시의 시대상을 살펴보고 공과(功過)를 따져야 한다. 누가 뭐래도 그는 과(過)보다 공(功)이 훨씬 많은 우리 시대의 영웅이다.

반대하는 사람들은 '5천년 역사상 태어나지 않아야 되는 사람'이라고 비방하는 반면 지지자들은 '5천년 역사상 가장 위대한 지도자'라고 그를 높이 평가한다. 나는 반대자들에게 묻고 싶다.

"그가 이룩한 경제발전의 토대 위에서 복지혜택을 누리고 있는 당신들은 지금까지 조국을 위하여 무엇을 하였는가?"

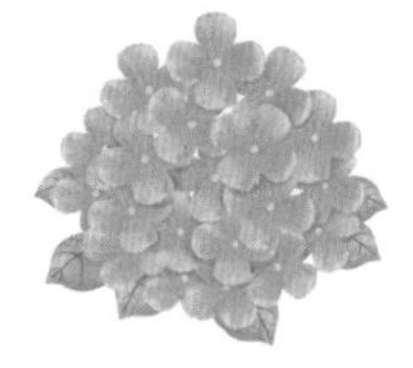

코로나19 쇼크

중국발 코로나19 쇼크로 인해 사람들의 마음은 꽁꽁 얼어붙었다. 거리는 한산하고 공원이나 유원지를 찾는 사람들도 크게 줄었다. 대인 간 접촉을 피하고 거리를 유지하게 하는 '사회적 거리두기' '드라이브 스루'라는 신조어도 생겼다.

코로나는 2020년 1월 10일 경 중국 우한(武漢)에서 56세의 여성에게서 최초 발병했고, 우리나라는 1월 18일 입국한 34세의 중국 국적 여성이 최초의 확진자라고 질병관리본부가 발표했다.

우한 폐렴으로 알려진 이 질병은 그 후 급속히 확산하기 시작하여 두 달이 지나면서 전 세계로 번지자 세계보건기구(WHO)는 비상사태를 선포하고 감염병 최고등급인 팬데믹(세계적 대유행)을 선언하기에 이르렀다.

코로나의 숙주는 박쥐로 알려지고 있다. 인간이 박쥐 서식지와 가까운 곳까지 개발하면서 박쥐의 바이러스가 인간에게 노출되어 발병되었다는 설이 유력하다. 더구나 중국인들은 박쥐를 먹는 음식 습관이 있어 쉽게 인간에게 전염되었을 것으로 보고 있다.

코로나19는 호흡기 질환인 사스나 메르스에 비할 수 없을 만큼 전파속도가 빠르고 미치는 영향이 크다는 데 문제의 심각성이 있다. 하버드 대학 감염병 전문가는 앞으로 전 세계인구의 40~70%가 감염될 것이라고 우려하고 있다.

이에 대비하여 세계 각국은 앞다투어 비상사태를 선포하고 입국제한 조치를 취함으로써 인적 물적 교류가 중단되고 있고 주가폭락, 환율 급등 사태로 이어져 실물경제에 위협을 주고 있다. 2000년도 우리나라 경제성장률은 당초 2%에서 −1.1%로 비교적 선방한 것으로 나타났지만 코로나19로 인해 세계경제는 침체기로 접어들 것이라고 경제학자들은 예측했다.

이 질병은 백신 접종이 유일한 해결책이고 마스크 사용, 손 씻는 것, 대인 접촉을 피하는 것 외에 특별한 예방책도 없다. 치료는 기존 항바이러스제나 면역증강제를 사용하는 것 정도다.

지구 종말 시나리오에는 우주의 거대한 블랙홀이 지구를 빨아들여 지구가 사라진다는 블랙홀설과 행성과의 충돌에 의한 행성충돌설이 있으나 인간이 만든 사린가스나 탄저균과 같은 생화학 무기에 의해 멸종될 가능성이 더 클 것이라고 전문가들은 말하고 있다.

마거릿 앳우드(Margaret Atwood)의 소설 ‘인간 종말 리포트’는 주인공이 실험실에서 슈퍼바이러스를 발명하여 인류 대부분을 전

멸시키고 자기의 뜻에 맞는 완전한 신 인간을 탄생시켜 새로운 삶을 사는 인간 멸종 이후의 모습을 보여준다.

코로나19의 창궐을 보면서 이 소설속의 슈퍼바이러스와 같은 신종 바이러스가 인류를 멸망에 이르게 할 것이라는 가설은 공상과학 소설이 아닌 현실속의 이야기가 될 수 있다는 생각이 든다.

코로나 바이러스로 인해 사회풍속도가 바뀌고 있다. 신혼여행이 취소되어 위약금 문제를 둘러싼 분쟁이 빈발하고 있으며 결혼식 · 장례식의 축하와 조문은 전화로 대신하는 경우가 많아졌다. 세계 각국의 입국금지로 해외여행은 단절되다시피 되었고 소상공인, 자영업자들의 휴폐업이 속출하고 있다.

악수 대신 주먹이나 팔꿈치를 부딪치는 색다른 인사법이 등장했고 1~2장의 마스크 구입을 위해 약국 앞에서 몇 시간씩 기다리는 마스크 대란을 겪기도 했다.

역사적으로 볼 때 우리민족은 국난에 처했을 때 힘을 합쳤다. 행주치마에 돌을 담아 왜적과 싸운 행주대첩이 그랬고, IMF 외환위기 때는 전 국민의 자발적인 금 모으기 운동으로 환난을 극복했다.

어려울 때마다 함께하는 우리 민족의 저력은 코로나 창궐지역을 돕기 위한 후원행렬로 이어졌다. 의사, 간호사, 소방관들은 자발적으로 인력이 모자라는 지역으로 달려갔고 후원금, 방역 물품과 생필품 기부 행렬이 줄을 이었다.

코로나19 사태를 맞아 당국이 발생 초기에 효과적인 대처를 하지 못했다는 비난도 일고 있다. 중국인들의 입국을 사전 차단하지 않았고, 확진자 수용시설과 의료진 부족으로 초기 진화에 애로를 겪었다. 마스크 수요예측을 잘못하여 국내에도 부족한 마스크를 중국에 수출하거나 무상 제공하여 마스크 대란을 자초했다.

신천지 교인들은 초기에 확진자의 절반이 넘었지만 숨어버리거나 검사에 응하지 않았고 신도 명단도 제출하지 않아 질병을 키웠다.

이 질병의 확산 방지를 위해 정부는 취약 종교시설을 비롯하여 PC방, 노래방, 클럽에 밀집 집회를 제한하는 행정명령을 내리고 위반할 경우 방역비, 치료비에 대한 구상권까지 청구하겠다고 밝혔다.

감염병 전문가에 의하면 코로나19는 변이 바이러스의 출현으로 단기간 내 집단면역은 어렵고 독감처럼 인간과 공존하는 '위드 코로나 시대'가 예상되고 있어 그 쇼크는 장기화할 것으로 보인다.

미국을 말한다

미국을 간략하게 소개하라고 하면 50개의 주와 1개의 특별구(워싱턴 D.C)로 구성된 연방공화국(United States)이며 러시아, 캐나다에 이어 세계에서 세 번째로 넓은 땅과 세 번째로 많은 3억 3천만 명의 인구를 가진, 세계 제1의 부자 나라라고 말할 수 있을 것이다.

미국을 부자 나라라고 하는 것은 모든 국민들이 부자로 살기 때문이 아니다. 1인당 국민소득은 세계 8위 정도이지만 개인의 소득을 합한 국민총생산(GDP)이 가장 많다는 뜻이다. 미국의 국민총생산(2019년 기준 21조 달러)은 세계 3대 경제대국인 중국과 일본, 독일의 국민소득을 합한 금액과 맞먹는다.

최근 중국이 급부상을 하는 가운데 일부 미래학자는 "미국이 주도하는 21세기는 끝나고 머지않아 중국이 주도하는 시대가 올 것이다"라고 말하기도 한다. 그러나 대부분의 전문가들은 중국의 굴기

(屈起)가 거세지만 가까운 기간에 미국을 따라오기는 어려울 것이라고 예측하고 있다.

미국의 우위를 확실하게 하는 것은 군사력이다. 2019년 미국의 예산 4조 4천억 달러 가운데 국방예산은 예산의 17%(GDP의 3.7%)에 달하는 7,500억 달러에 달한다. 중국의 4배에 달하고 세계 강국 2~8위를 합한 것보다 더 많은 예산을 국방비에 충당하고 있다. 남북이 대치하고 있는 우리나라의 국방비가 예산의 10%(GDP의 3%)인 것에 비하면 미국이 얼마나 국방력을 강화하고 있는지 알 수 있다.

국방력을 비교할 수 있는 단적인 예는 항공모함이다. 미국의 항공모함 수는 11척으로 중국 2대, 러시아 영국 프랑스의 1대씩에 비하면 월등하다. 항모는 70~90대의 전투기를 운용하며 순양함, 구축함, 프리깃함, 잠수함 등을 포함한 항모전단을 구성하고 있어 항공모함 전단 1개는 웬만한 나라의 공군력과 맞먹는다.

미국은 막강한 군사력으로 세계를 이끌어가는 초강대국이지만 많은 결함을 안고 사는 나라이다. 첫 번째의 당면 과제는 빈곤의 탈출이다. 미국은 50년 전 '빈곤과의 전쟁'을 선포했지만 개선될 기미를 보이지 않는다. 빈곤층이 우리나라 인구와 맞먹는 5천만 명에 이른다는 보도가 나오기도 했다. 상위 1%가 부의 40%를 가지고 있고, 10%가 부의 90%를 독식하고 있어 부익부 빈익빈 현상은 나아지지 않고 있다. 노숙인구가 3백만 명에 달하고 공원, 지하철, 의사당 계단에 이르기까지 거지가 있어 부자나라의 치부로 지적되고 있다.

두 번째의 당면 과제는 총기규제다. 총기는 신변을 보호하기 위해 보유하지만 반대로 불안을 부추기기도 하는 이율배반적인 존재다. 미국은 독립전쟁부터 서부개척에 이르기까지 적군이나 인디언, 야생동물의 위협 속에서 살았고, 워낙 땅이 넓어 공권력이 미치지 않는 지역이 많아 스스로를 지키기 위한 자위권의 하나로 총기를 보유하고 있다.

수정헌법 2조에도 총기보유가 명시되어 있고 전국총기협회(NRA)의 로비와 미국민의 인식 등 복합적 요인으로 규제를 제대로 못하고 있지만 총기로 인해 매년 3만여 명이 희생되고 있어 그 대가는 너무 크다.

세 번째 당면 과제는 인종 갈등으로 인한 사회불안이다. 미국은 백인이 73%이고 나머지는 히스패닉 계, 흑인, 아시아인, 아메리카 인디언 순으로 인구 구성비를 보이고 있다. 흑백 간의 인종차별 문제가 타 종족 간의 갈등으로 확산되고 있는 추세다. 인종차별의 단적인 예로 최근 마약 함정 수사에서 체포한 179명 중 백인은 한 명도 없었다. 흑인에 대한 총격이 심해지자 흑인들은 '손들었으니 쏘지 마'라는 플래카드를 들고 시위를 벌이기도 했다.

한 유학생은 미국에서 경찰 검문 시 신분증을 꺼내기 위해 안주머니에 손을 넣지 말라고 충고한다. 총기를 꺼내는 행동으로 오인하여 총을 맞을 수 있다는 것이다. 경찰 검문 시 달아나는 행동은 죽음을 재촉하는 행위이다. 공권력에 대한 대항은 총기 사용과 직결되기 때문에 폭도들도 경찰을 보면 몸을 사린다. 미국의 민주주의는 엄격한 법질서 아래 이루어지는 민주주의다. 경찰이 강력한 공권력을 가지고 법을 엄격하게 집행하기 때문에 사회질서가 유지되고 있는 것이다. 시위 현장에서 경찰이 불법 시위자들에게 폭행을 당해도 유야무야 넘어가는 우리와는 근본적으로 다르다.

이질적인 종족들이 모여 많은 갈등 속에 살고 있지만 미국을 최강국으로 만든 것은 기부문화와 자원봉사라고 역사가들은 주장한다.

세계에서 기부문화가 가장 발전한 나라는 미국이라는 데 이의를 달 사람은 없다. 공공기관, 의료, 문화예술 등에 사용되는 기금의 70~80%는 기부로 충당된다. 미국 제1의 부자 빌 게이츠는 재산 62조 원 중 36조 원을, 2위 부자인 워렌 버핏은 50조 원의 재산 중 26조 원을 사회에 환원했다.

기부를 서약한 60명의 억만장자가 우리나라의 2020년 예산 500조 원을 훨씬 웃도는 700조 원의 기부금을 모금하기로 약속했다. 빌 게이츠는 그의 사후 유산으로 자녀 한 명에게 1,000만 달러만 주겠다고 약속했고, 워렌 버핏은 "부자인 채로 죽는 것은 부끄러운 일"이라며 재산의 90%를 기부하겠다고 밝혔다. 페이스 북의 창립자 마크 주커버그는 그의 지분 99%를 사회에 환원하겠다고 발표했다.

우리나라의 재벌들은 국가의 비호와 사회적 뒷받침 속에서 부를 축적했으나 편법증여 · 상속을 통한 족벌경영의 유지와 일가의 재산증식에는 갖은 방법을 다하면서 사회 환원은 등한시하여 미국 재벌과 대조를 이룬다. 미국이 자본주의의 병폐 속에서도 사회질서가 유지되는 것은 노블레스 오블리주를 실천하는 적극적인 기부문화에 기인한다고 말하는 사람들이 많다. 우리 사회가 배워야 할 덕목이다.

미국은 자원봉사가 가장 체계적으로 이루어지고 있는 나라다. 자원봉사의 태동기(1600~1770)를 거쳐 구축기, 활성기를 지나 정착기에 들어선 미국은 1911년 설립된 자원봉사기관인 미국도시연맹(National Urban League)의 주도 아래 체계적인 자원봉사를 하고 있다. 이 연맹은 산하에 110개의 지역연합모임을 만들어 미국민 18세 이상 51%가 가입한 가운데 주 4시간 이상 봉사활동을 하고 있다. 활동내용은 흑인과 소수민족을 위한 일자리 알선, 평등권 투쟁, 환경보호, 에너지 보존, 빈민문제 등 광범위한 분야에 걸치고 있다. 대학입학과 직장의 승진 심사 시에도 봉사활동 실적이 있어야 한다. 참여자들은 그 반대급부로 노년이 되면 봉사단체로부터 혜택을 받게 된다.

미국은 우리를 지켜준 고마운 은인이다. 6 · 25 전쟁 발발 당시 미국의 주도아래 유엔군의 신속한 참여가 없었다면 한국은 적화통일을 면하기 어려웠을 것이다. 공식 집계에 의하면 3년의 전쟁 기간 중 한국군 전사 · 실종자는 28만 1261명(전사 14만 9005명, 실종 13만 2256명), 미군 전사 · 실종자는 4만 311명(전사 3만 6574명, 실종 3,737명)이고, UN군을 포함한 아군 전체 사망 · 실종 · 부상자는 200만 명에 달한다. 이들의 고귀한 희생을 발판으로 침략군을 격퇴했다.

그 이후 한반도의 지속적인 평화와 안정을 위하여 '한미 상호방위조약'이 체결되어 미군이 주둔하고 있으나 최근 방위비 문제로 한

미 간에 의견 충돌이 있었다.

미국 트럼프 대통령은 '2020년부터 한국의 방위비를 연 50억 달러로 인상할 것'을 요구하면서 방위비 협상이 답보상태에 빠졌으나 바이든 대통령 취임 후인 2021년 3월, 2020년보다 13.9% 인상된 협상안을 합의(2022년 5.4% 인상, 2024~2025년 국방비 증가율 적용)했다.

미 안보 전문가들은 "한국은 핵보유국인 북한, 중국, 러시아를 머리에 이고 있는 전략적인 요충지로서 한국에서의 병력 주둔은 미 본토 주둔보다 비용이 크게 절감된다"면서 미국의 자제를 촉구했다.

한국은 미국에 기대어 안보를 무임승차하지 않았다. 평택 미군기지 건설비용 13조 원의 92%를 우리가 부담했으며, 무기구입으로 매년 6조 원 이상을 미국에 지불하고 있고, 대기업들이 대미투자에도 적극 참여하고 있다.

미국은 한국을 비롯한 많은 나라에 병력을 주둔시켜 세계의 평화와 안정에 기여해 왔다. 누가 뭐라 해도 미국은 약소국가의 대변자이자, 세계의 분쟁 조정자이며, 자유민주주의의 수호자이다. 안보문제를 경제논리에 접근시켜 한미 간의 우의를 손상해서는 안 된다는 것이 대다수 국민들의 요구이자 바람이다.

아, 테스 형!

테스 형!

가황 나훈아에게 형으로 불리면 그와 비슷한 연배인 나에게도 형이 됩니다. 형이라 불러 무례가 된다면 용서해 주시기 바랍니다.

테스 형이 위대한 철학자라면 가황은 우리 시대의 가장 뛰어난 예인(藝人)입니다. 조용히 은둔하다시피 살던 그가 11년 만에 국민을 위로하기 위한 콘서트를 열었습니다.

그저 와준 오늘이 고맙기는 하여도
죽어도 오고 마는 또 내일이 두렵다
아! 테스 형 세상이 왜 이래 왜 이렇게 힘들어

콘서트에서 부른 가황의 노래 한 소절을 두고 뒷말이 많습니다.

야당은 정부의 실정을 비판한 노래라고 하는 반면 여당에서는 힘들게 살고 있는 국민들에게 힘을 실어주기 위한 노래라고 합니다.

그의 노랫말대로 세상살이가 점점 더 어려워지고 있습니다. 경기침체에 코로나19까지 겹쳐 출구가 보이지 않습니다. 오늘 하루가 암담하고, 그래도 찾아오는 내일이 두렵다고 하소연하는 사람들이 많습니다.

소크라테스 형!

지금 청년들은 갈 곳이 없습니다. 중소기업, 소상공인, 자영업자들은 상당수가 휴 · 폐업을 하였고 문을 열어도 판로가 막혀 개점휴업 상태인 곳이 많습니다. 대학 졸업생들은 태반이 백수로 지냅니다. 코로나19로 외출도 마음대로 할 수 없어 스트레스가 이만저만이 아니라고들 합니다.

'임대차 3법'이 발표되자 서울에는 집값이 폭등하더니 이제는 전세대란과 월세폭등으로 이어지고 있습니다. 부동산 대책만 내놓으면 집값이 오른다고 무주택자들은 아우성입니다. 서울의 조그마한 아파트 한 채 값이 15~20억 원을 호가하니 내 집 마련할 꿈이나 꾸겠습니까?

테스 형!

"기회는 평등해야 하고, 과정은 공정해야 하며, 결과는 정의로워야 한다"고 정부는 강조해 왔으나 현실은 그렇지 않은 것 같습니다. 조국 전 법무부장관 딸의 총장상 논란, 고교 시절 의학논문 1저자 등재, 부산대 의학전문대학원 입학 시비는 학부모들의 가슴을 멍들게 했습니다.

추미애 전 법무부 장관 아들의 군 특혜휴가 의혹은 뒤끝이 개운하지가 않습니다. 야당은 추장관이 국회 국감에서 27번 거짓말을 했다고 말합니다. 법 집행을 추상같이 해야 할 위치에 있는 법의 수장이 이렇게 왔다 갔다 해서야 령이 서겠습니까?

이 와중에 라임, 옵티머스가 2조 1천억 원의 펀드 자금을 조성하기 위하여 청와대, 국회의원, 정관계 고위 인사들에게 거액의 로비를 했다하여 세상이 시끄럽습니다.

'소득주도 성장'을 내세운 정부는 지난 4년간 80조 가까운 돈을 투입했지만 별 성과를 거두지 못했고, 분열과 갈등의 정치를 협치로 바꾸겠다는 약속도 공염불이 되고 말았습니다. 삶이 어려워질수록 국민들의 정치 불신은 심해지는 것 같습니다.

당적을 달리하면 적이 되는 곳, 거짓이 밝혀져도 부끄러워하지 않는 곳, 내로남불이 판치는 곳을 사람들은 정치판이라 생각하고 있습니다.

아, 테스 형! 소크라테스 형!

세상이 왜 이리 살기 어려우냐고 가황이 물었더니 형은 '잘 모른다'는 대답을 했다고 하네요. 우리의 어려운 현실을 테스 형이 어찌 알겠습니까? 한동안 세상을 등지고 살아오던 가황은 아버지 산소의 무덤가에 핀 제비꽃과 샛노란 들국화를 보고 형이 대답해 주지 않았던 세상과 인생에 대한 답을 얻었다고 합니다.

울 아버지 산소에 제비꽃이 피었다
들국화도 수줍어 샛노랗게 웃는다
그저 피는 꽃들이 예쁘기는 하여도
자주 오지 못하는 날 꾸짖는 것만 같다

강남 갔던 제비가 돌아올 즈음 핀다하여 제비꽃이라고 한다지요. 그때쯤 우리의 삶이 좀 나아질까요? 샛노란 들국화가 수줍게 웃는 날 우리도 같이 웃을 수 있을까요?

겨울이 지나면 봄이 오기 마련입니다. 그때를 기다리면서 어려움을 참고 견디겠습니다.

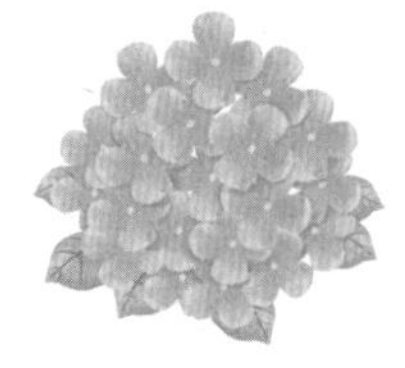

'미스터 트롯' 열풍

2020년은 '미스터 트롯' 열풍으로 전국이 몸살을 앓았다. 연예프로 시청률은 10%만 되어도 성공이라는데 우승자를 뽑는 '미스터 트롯' 결승전 시청률은 35.7%에 달했다. 시청자들은 무명가수들의 가슴 아픈 사연을 들으면서 함께 울었고 출연자들의 일사불란한 공연을 보면서 함께 웃었다.

휴업한 소상공인들, 실직한 근로자들, 손님이 없어 한숨지었던 시장 상인들, 외출 자제령에 갇혀 살았던 주부들, 정치 싸움질에 이골 난 사람들은 '미스터 트롯'을 보면서 답답한 마음을 위로 받았다. 이 프로는 코로나19에 가로막힌 국민들의 가슴을 틔우는 청량제 역할을 해주었다.

트롯 열풍은 '내일은 미스 트롯'에서 불을 지폈다. '미스터 트롯'보다 1년 먼저 시작한 이 프로는 최고 18%의 시청률을 확보하면서 중장년층의 전유물로 여겨왔던 트롯을 전 세대와 함께 어울릴 수 있는 프로로 만들었다는 평을 받았다.

'미스터 트롯'은 지원자가 15,000명에 달해 시작부터 성공이 예약되었다. 현역가수를 비롯하여 트롯신동과 아이돌, 배우, 개그맨, 성형외과의사, 태권도와 격투기 세계챔피언, 스타강사 등 다양한 분야에서 참가하여 150대 1의 경쟁을 뚫고 예선통과자 101명이 선발되었다.

핵심을 잡아주는 마스터들의 평가와 서커스를 방불케 하는 고난도 팀 경연, 2인 중 1명이 탈락하는 데스 매치, 참여를 유도하는 시청자 점수제는 흥미를 배가시켰다. '미스터 트롯'은 기량 중심의 '정공법'으로 승부하여 1위 임영웅, 2위 영탁, 3위 이찬원, 4위 정동원, 5위 김호중, 6위 장민호, 7위 김희재 라는 역대급 실력자들을 배출했다.

'내일은 미스 트롯'이 송가인이라는 무명의 소리꾼을 신데렐라로 만들었다면 '미스터 트롯'은 임영웅이라는 걸출한 스타를 탄생시켰다. 사람들은 어려운 시기일수록 영웅의 탄생을 갈망한다.

임영웅은 우리 시대가 만들어 낸 트롯 영웅이었다. 한 음악평론가는 "그의 노래에는 탐욕, 거짓, 책략, 술수가 없다. 가사전달 능력이 뛰어나며 담백하고 따뜻한 발성으로 누구나 편하게 들을 수 있는 노래를 한다"는 평을 했다. 무명시절부터 선행을 해왔다는 것이 알려지며 인간적인 매력도 더해졌다.

송가인이 정통 판소리꾼이었다면 임영웅은 발라드로 노래를 시작했다. 처음에는 생계유지를 위해 편의점 아르바이트, 군고구마 장사도 했지만 트롯 전향 후 지역대회와 KBS 주최 '도전 꿈의 무대'

우승을 통해 이름을 알리기 시작했고 '미스터 트롯'에서 발군의 실력으로 우승하여 인생역전을 이루어 냈다.

형식적인 순위는 매겨졌지만 뛰어난 가창력을 바탕으로 결승무대까지 진출한 톱7은 모두 승자가 되었다. 한 달 동안 합숙을 같이 하면서 이기고 지는 경쟁을 떠나 서로 위로하고 배려하는 협력구도를 만들어 모두 이기는 게임을 했기 때문이다.

아울러 국악, 성악, 댄스 등 다른 장르와의 조합을 통해 '트롯의 신장르'를 개척했고 나이와 세대를 초월해 TV 앞에 모여 앉게 하는 국민 대통합을 이루어 내었다. 이 프로그램이 진행되는 동안 2천 8백만 명이 대국민 응원투표에 참가했고, 최종 우승자를 결정하는 대국민 문자투표에는 하루 동안 7백 73만 명이 참가하여 트롯의 열기를 짐작할 수 있게 했다.

이들의 인기 뒤에는 팬클럽이 자리 잡고 있다. 임영웅의 팬클럽(영웅시대), 영탁의 팬클럽(영탁이 딱이야), 김호중의 팬클럽(트바로티)은 코로나19 극복 성금, 불우이웃돕기 등 활발한 활동을 하면서 뒤에서 그들의 성공을 뒷바라지하고 있다. 임영웅의 팬클럽은 회원수가 16만 명, 유튜브 구독자는 120만 명에 달해 그의 인기를 짐작케 한다.

순위가 가려진 후 톱7은 '사랑의 콜 센터' 등 다양한 프로그램에 진출하여 한 명이 노래하면 나머지는 춤과 율동으로 완벽한 조화를 만들어냈다. '미스터 트롯' 서울공연은 코로나로 4번이나 연기되었지만 표 2만 장이 최초 예매 5분 만에 매진되어 톱7의 인기를 실감케 했다. 아울러 '톱7 출연=시청률 확보'라는 인식이 자리 잡아 이들은 다양한 연예프로에서 관중을 몰고 다녔다.

대기업 삼성SDI에서는 '미스터 트롯'의 성공비결로 숨은 인재의 발굴, 타성에서 벗어난 변화의 추구, 창조적 활동, 실패 경험의 활용으로 분석하고 이를 기업에 적용하려는 활발한 움직임을 보이고 있다. 이 기업은 이들의 성공 이유를 분석, 경영에 접목함으로써 글로벌 회사로 도약할 수 있을 것으로 보고 있다. 어찌 기업에만 해당될 것인가. '미스터 트롯'의 성공비결은 개인에서 국가경영에 이르기까지 폭넓은 응용을 할 수 있을 것이다.

트롯은 우리 민족의 한과 정서를 가장 잘 반영할 수 있는 노래다. 우리는 어려울 때마다 트롯을 부르면서 위안을 받았고 시련을 극복했다. 일제 강점기, 전쟁과 분단, 민족의 중흥기를 거치면서도 트롯은 꾸준히 맥을 이어왔다. 그러나 과거 어느 때를 돌아보더라도 '미스터 트롯'만큼 각광을 받은 적은 없었다. 이제 트롯은 대세가 되었다. '미스터 트롯' 톱7은 예능 프로그램의 섭외 1순위로 떠올랐고 예선과 결승무대에서 선보였던 경연곡들은 각종 음원 차트의 상위권에 진입하면서 역주행하는 기현상도 벌어졌다. 이들이 출연하면 시청률이 급등한 반면 다른 프로그램은 고전을 면치 못했다.

TV조선은 '내일은 미스 트롯'과 '미스터 트롯' 성공에 힘입어 '내일은 미스 트롯 2'에서 트롯 여제 7명을 뽑아 속편을 방영하고 있다. 또 각 지상파 방송국들도 앞다투어 트롯 방송을 진행하고 있어 트롯 열풍은 계속될 것 같다.

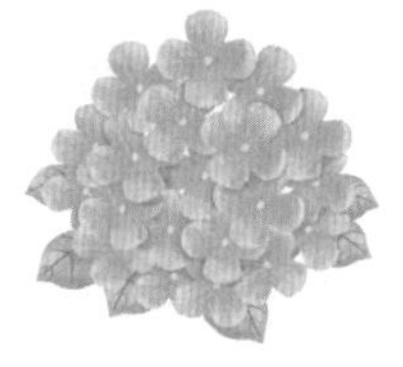

리플리 증후군

리플리는 미국의 소설가 패트리샤 하이스미스(Patricia Highsmith)가 1955년 발표한 소설 '재능 있는 리플리'라는 범죄소설의 주인공이다. 반항아적 기질의 리플리는 친구이자 재벌의 아들인 그린리프를 죽인 뒤 리플리가 아닌 그린리프의 삶을 살아가다 결국 그린리프의 시체가 발견됨으로써 그의 거짓 삶은 종말을 맡게 된다.

이 소설의 주인공과 같이 자신이 만든 거짓을 완전한 진실로 믿는 리플리 증후군(Ripley Syndrome) 때문에 사회가 골머리를 앓고 있다.

옛날 멍청한 사람과 나름 똑똑한 사람 사이에 언쟁이 붙었다. 멍청한 사람은 4×7=27이라 우겼고, 똑똑한 사람은 4×7=28이라 주장했다. 한참을 다투던 이들은 고을 원님을 찾아가 시비를 가려

달라고 요청했다. 사정을 듣고 난 원님은 "27이라 답한 놈은 풀어주고 28이라 주장한 놈은 곤장 10대를 쳐라"는 판결을 내렸다.

똑똑한 놈은 곤장을 맞고 원님께 억울함을 호소하자 원님은 "4×7=27이라 우긴 멍청한 놈하고 끝까지 시시비비를 가리고자 하는 네놈은 더 어리석은 놈이라 너의 지혜를 깨치고자 곤장을 내렸노라"고 말했다.

요즘 우리 사회에서도 이러한 시비가 끊이지 않고 있다. 문제는 4×7=28이라는 것을 알고 있는 사람이 4×7=27이라 우긴다는 것이다. 초기에 오답을 인정하면 쉽게 수습될 수 있는 문제가 변명으로 일관되다 보니 나중에는 심각한 문제로 변질하여 망신을 당하는 경우를 우리는 자주 보아왔다.

그리스의 한 논리학자가 제자들과 어울려 야외에서 단풍놀이를 하고 있었다. 그때 한 제자가 뛰어와 고했다.

"스승님, 지금 사자가 우리에서 뛰쳐나와 이쪽으로 오고 있습니다."

그러자 논리학자가 말했다.

"제자야, 걱정하지 말거라. 사자가 이리로 오기 위해서는 반드시 여기까지 오는 거리의 100분의 1 지점을 통과해야 하고, 그 지점을 지나면 또 100분의 1 지점을 통과해야 하기 때문에 사자는 영원히 여기에 올 수 없느니라."

100분의 1이라는 '잘못된 유추의 오류'에 빠진 스승은 결국 현장을 덮친 사자에게 화를 당하고 말았다.

자파의 이해득실에 얽매여 정답을 정답으로 인정하지 않거나 '잘못된 유추의 오류'에 빠져 헤어나지 못하는 사람들이 우리 사회에 너무 많다. 수많은 오류 속에서 오늘을 살아가지만 정의가 진실 뒤에 숨어 버리고 잘못된 오류가 정당화 된다면 어떻게 될 것인가.

미국의 트럼프 대통령은 버지니아 주에 거주하고 있는 교포 2세인 30대 미나 장을 국제개발처 부처장으로 임명하여 화제가 되었다. 그녀는 하버드 경영대학원과 미국 육군대학원을 졸업한 후 전 세계 난민을 돌보는 국제구호단체 CEO로 활약해 왔으나 이력이 가짜로 밝혀져 임명이 취소되었다. 그녀는 리플리와 같이 인생을 가짜로 살아왔다.

정신과 전문의 K씨는 '잘못된 동경심'이나 '영향력이 주는 희열'에 빠져 유명 가수나 스타를 사칭하면서 옷차림, 말투까지 흉내 내고 다니다 스스로 리플리 증후군에 빠지게 된다고 분석했다.

특히 정치권에서 리플리 증후군은 심하다. 9억 수뢰혐의를 받자 정치적 의도로 기획된 수사라면서 끝까지 결백을 주장해온 H 전 총리는 2015년 대법원에서 징역 2년에 추징금 8억 8천 3백만 원을 선고받고 복역 후 만기 출소했다. 그러나 "정치보복으로 억울한 재판을 받았다"면서 판결을 인정하지 않았다.

청와대 핵심 참모로 있었던 C전 법무부 장관은 아내와 딸의 부산의전 부정입학 연루를 둘러싸고 수많은 질책과 비난을 받으면서도 결백을 주장했으나 자기가 만든 함정에 빠져 결국 장관직을 사퇴하고 법정에 서게 되었다.

나는 지금까지 불법자금 수수나 수뢰혐의가 있는 정치가들이 스스로 인정하는 경우를 본 적이 없다. 유죄 판결을 받아도 끝까지 무죄를 주장하는 이들은 거짓말을 하고도 거짓말을 인정하지 못하는 리플리 증후군에 빠져있는 사람들이다.

우월한 지위나 명성을 이용, 성폭행을 하여 세상을 떠들썩하게 하고도 "절대 그런 일이 없었다"고 우기는 유명 연예인, 스포츠 감독들도 이와 같은 부류에 들어간다.

상대방의 주장이 자기의 의견과 다르면 그 사람의 인품이나 성품까지 싸잡아 비난하는 '인신공격의 오류'를 범하는 리플리 증후군도 흔히 경험한다.

발언 자체의 정당성을 따지는 것이 아니라 상대방의 인격에 위해를 가하면서 "당신은 과거에 이러이러한 일이 있으니 이 문제를 말할 자격이 없다"며 윽박지른다. 근거 없는 말로 중상 비방하다 주장이 확신으로 변하여 상대방에게 심각한 피해를 주고 나아가 사회에 불신과 불안을 조성하는 경우이다.

리플리 증후군은 열등감과 이기심, 과도한 성취욕이 만들어 낸 슬픈 자화상이란 생각이 든다.

학교폭력의 현주소

내가 중학교에 다닐 때 학교에 가기 싫은 적이 있었다. 편입해 온 H라는 학생 때문이었다. 고아원에서 학교를 다녔던 H는 나이도 우리보다 1~2살 많은데다 덩치도 컸고 앞부분 머리에 큰 흉터가 있어 험악한 인상을 주었다. 바지 주머니에 칼을 꽂고 다니면서 동급생들의 가방이나 주머니를 뒤져 돈을 갈취하였고 때로는 폭력을 행사하기도 했다. 내가 책 살 돈을 궁리 끝에 모자 속에 숨겼는데 나를 불러 주머니를 뒤진 다음 모자를 벗기고 귀신같이 돈을 빼내 가기도 했다. 순진한 시골학생들이라 피해를 입고도 모두 입을 다물었다. 위해를 당할까 겁이 나서이다.

그러던 어느 날 호랑이로 소문난 교무주임 K선생님이 H를 데리고 나갔다. 그 이후의 과정은 잘 모르지만 한참 만에 돌아온 H의 얼굴은 망가져 있었고 우리를 위협했던 칼도 압수당했다. 아마 H의

비리를 들은 부모가 학교에 항의했을 것이고, 교무주임 선생님이 H를 불러내 혼찌검을 냈을 것으로 우리들은 미루어 짐작했다. 이후 H는 풀이 죽어 지내더니 어느 날 학교에서 자퇴했다. 1950년 대 철부지 시기에 우리가 겪었던 학교폭력이었다.

잠잠할 만하면 학교폭력이 머리를 들고 있다. 이번에는 미스 트롯2에 출전한 가수 진달래가 연루되었다. 피해자는 "20년 전 학교폭력을 행사했던 가해자가 미스 트롯에 나오는 것을 보고 속이 뒤집혔다"면서 "처음에는 얼굴만 때리다가 귀가 형체를 알아볼 수 없도록 부어오르자 머리와 가슴뼈 있는 곳을 차 고통을 받았고, 돈과 옷, 가방, 신발도 뺏어갔다"고 말했다. 진달래는 미스 트롯2에서 14명이 선발된 준결승까지 진출했으나 이후 하차했다.

학교폭력은 스포츠 계에도 만연하고 있다. 흥국생명 소속 프로배구 선수 이재영과 이다영(25) 쌍둥이 자매에게 학교폭력을 당했다는 A씨는 "숙소에서 같은 방을 썼는데 소등한 뒤 자주 심부름을 시켜 듣지 않으면 칼로 위협하기도 했다"며 "이들로 인한 정신적 고통이 너무 심해 자살까지 생각했다"고 말했다. 배구협회는 쌍둥이 자매에 대해 무기한 출전정지 처분과 함께 국가대표자격을 박탈했고, 이들 어머니에게 주었던 '장한 어머니 상'도 취소했다.

스포츠계 지도자들도 선수들에게 자주 폭행을 하여 사회문제가 되고 있다. 프로구단 한국전력 소속 박철우(36) 선수는 이상열 감독(KB손해보험)이 2009년 남자 배구팀 코치로 재직할 당시 "태릉 선수촌에서 만신창이가 되도록 구타를 당했으며 동기들 중 이 감독에게 맞아 뇌진탕과 고막이 나간 선수들이 있을 정도로 이 감독은 손찌검을 잘 했다"고 말했다. 당시 폭행으로 이 감독은 2년간 코트를 떠났다가 KB손해보험 감독이 되었으나 폭행 논란이 다시 일자 감독직을 사퇴했다.

폭력행위는 연예, 프로 스포츠계와 아마추어 종목에 이르기까지 광범위하게 뿌리 깊게 자리 잡고 있어 그 대책이 시급한 실정이다.

원로 체육인 B씨는 "학교시절 폭력을 행사한 사람은 사회에서 지도자가 된 후에도 폭력을 대물림하게 된다"면서 폭행에 연루된 지도자는 추방되어야 한다고 말했다.

메달 지상주의였던 과거에는 메달을 따기 위해 웬만한 폭력과 잘못은 용인되었고 눈감아 주었다. 그 결과 많은 스포츠 종목에서 감독과 코치의 폭력과 성폭행 사건이 일어났고 선수들의 인격은 무시되었다.

한국배구연맹(KOVO)은 학교폭력과 관련한 비상 대책회의를 열고 "앞으로 학교 폭력 및 성범죄에 연루된 신인 선수는 드래프트 참여를 원천 봉쇄한다"는 지침을 마련했다.

대한체육회(회장 이기흥)는 "청소년기에 무심코 저지른 행위에 대해 평생 체육계 진입을 막는 것은 가혹하다, 적절한 징벌과 규제 이후 반성하고 교화하여 재진입할 수 있는 기회를 주어야 한다"는 답변서를 국회에 보냈다. 여기에 대해 일부 국회의원들은 "가해자에 대한 권리 보호는 가해자가 제대로 된 처벌을 받는 것을 전제로 했을 때 가능한 이야기"라며 반박했다.

대통령까지 학교폭력 근절에 나섰다. 문재인 대통령은 학교폭력을 비롯한 최근 일련의 사태에 대해 "다시는 이런 일이 생기지 않도록 철저히 조사한 후 엄중한 처벌을 하도록 하라"고 지시했다.

학교폭력의 가해자들은 '어린 마음에' 또는 '철없던 시절에' 잘못된 판단으로 저질렀던 일이라며 한 번쯤 봐달라고 용서를 구한다. 철없던 시절에 저질렀던 일로 치부하기에는 피해자에게 큰 상처를 남기는 것이 학교폭력이다. 지금도 그때의 충격으로 정신과에 다니며 약을 먹는 사람도 있다. 가해자는 잊어버릴지 몰라도 피해자는 평생 잊어버리지 않는다.

전문가들은 학교폭력 예방을 위한 교육을 강화하고 적발되면 무관용 원칙을 적용해야 한다고 말한다. 가해자의 폭력이 훗날 어떤 흔적을 남기는지 분명히 보여주는 것이 그 어떤 교육보다 효과적이라는 것이다.

기부문화

내가 가진 것을 남에게 주는 것은 더불어 살아가는 우리 사회를 윤택하게 한다. 우리는 예로부터 환난상휼(患難相恤)의 정신을 바탕으로 서로 도우며 살아왔다. 조상들은 이웃 잔칫날에는 단술, 묵, 떡을 만들어 보내었고 농번기에는 힘든 노동을 함께 나누는 두레, 품앗이, 향약의 미풍양속을 이어왔다.

역사적으로 보면 기부문화는 유럽에서 먼저 뿌리를 내려 국가를 지탱하는 힘이 되었다. 영국 프랑스 독일의 상류층 인사들은 국가가 재정 적자에 시달릴 때마다 자신들에 대한 세금을 올려 달라고 국가에 요청했다.

로마제국 2천 년 역사를 지탱해 준 힘은 가진 자가 의무를 다하는 노블레스 오블리주의 철학이었다. 로마 귀족들은 전쟁이 일어나면 재산을 사회에 환원하고 스스로 전쟁터에서 선봉이 되어 싸웠다.

로마의 초대황제 아우구스투스는 “귀족들은 특권을 누리는 대신 공공봉사와 기부문화를 실천해야 된다”며 국가에 어려움이 생길 때마다 개인재산을 정부에 헌납했다.

이 전통은 유럽에서 미국으로 건너가 기부문화를 꽃피웠다. 사회를 선도하는 특정 귀족계급이 없는 미국은 시민들의 자발적인 참여로 기부문화가 이루어져 왔고 초창기에는 기업가들이 기부문화를 주도했다. 철강왕 카네기는 지나친 부의 축적으로 사회적 지탄을 받기도 했으나 말년에 도서관 3,000개를 세우는 등 교육, 과학, 문화, 예술진흥에 전 재산을 투자했다.

미국의 재벌들은 하나같이 사회사업 분야에 뛰어들었다. 석유왕 록펠러는 1913년 록펠러 재단을 만든 이후 현재 330억 달러의 기금을 가진 자선단체로 발전시켰다. 마이크로 소프트를 창업한 세계 최고부호 빌게이츠 재단은 기금 규모가 500억 달러로 전 세계 자선사업의 흐름을 주도해 왔다.

세계 3위의 부자 워렌 버핏은 자신의 재산 90%를 자선재단에 기부하겠다고 서약했으며 지금까지 400억 달러를 기부했다. 그는 빌게이츠 등 부호 200명과 함께 앞으로 기부금 5,000억 달러를 만들기로 약속했다.

미국의 재벌들은 “부자로 죽는 것은 부끄러운 일이다. 자식들에게 너무 많은 유산을 남겨주는 것은 오히려 독이 된다”며 재산을 사회에 환원하겠다고 밝히고 있다. 현재 미국에는 5만 6천 개의 재단이 만들어져 기부문화를 실천하고 있다.

미국의 기부문화는 기업중심에서 개인으로 발전하여 미국인의 98%가 기부에 참여하고 있으며 소액 기부가 총 기부액의 77%를 차지하고 있다. 현금기부, 자원봉사, 낯선 사람 돕기를 합계하여 평가하는 세계기부지수는 128개 나라 중 미국이 1위이고 우리나라는 57위로 평가되고 있다. 미국은 '배움을 갈구하는 인간'을 중시하여 고등학교 졸업과 명문대학 입학을 위해서는 자원봉사활동이 필수적이며 이것이 세계기부지수의 중요한 항목으로 포함된다.

우리나라 기부문화의 선구자는 경주 최부자 가문과 유한양행 창업자 유일한(柳一韓) 회장이라고 할 수 있다. 경주 최부자 가문은 10대, 300년에 걸쳐 나눔의 미덕을 실천했다. "사방 100리 안에 굶어죽는 사람이 없게 하라"는 선대의 가르침을 지켜오면서 항일운동, 교육사업에도 앞장섰다.

고 유일한 회장은 1905년 10세에 미국에서 고학을 하며 미시간대학을 졸업한 후 1926년 유한양행을 설립했고, 1969년 경영일선에서 물러나면서 전 재산을 사회에 환원하여 기부문화의 선례를 만들었다.

최근 이건희 회장의 유족은 상속세 12조 원과 별도로 1조 원의 의료계 기부와 3조 원 상당의 미술품(2만 3천 점)을 기증하겠다고 약속했다. 뒤이어 김범수 카카오 회장이 전 재산의 50%에 해당하는 5조 원을 사회에 환원하겠다고 발표했고, 배달의 민족 창업자인 김봉진 의장이 더 기빙 플레지(The giving pledge)의 219번 째 기부자로 등록했다. 더 기빙 플레지는 투자계의 거물 워렌 버핏 회장이 2010년 시작한

억만장자들의 기부운동으로 10억 달러가 넘는 재산을 보유하고 이중 50% 이상을 사회에 환원하기로 약속해야 회원이 될 수 있다.

연예인들의 기부는 사회에 선한 영향력을 주고 있다. 기부 천사로 알려진 김장훈과 아이유, 매년 거액의 공연 수익금을 기부하는 하춘화, 사랑의 열매를 통해 난치병 환자에게 꾸준한 지원을 해온 문근영, 미스터 트롯 진으로 혜성처럼 등장하여 기부활동에 모범을 보이고 있는 임영웅 등….

이들의 선행 릴레이는 우리 사회를 풍요롭고 아름답게 변모시키면서 선한 물결을 일으키고 있다.

그러나 기부행렬 참가자는 일부에 한정된다. 부를 축적하여 부러움의 대상이 되고 있는 연예계, 스포츠계 인사 및 기업인들의 적극적인 참여가 요구되고 있다.

우리나라 기부금은 기업이나 기관, 단체의 비중이 절대적이다. 사회복지 공동모금회에 따르면 2020년 받은 기부금 중 이들의 기부금이 70%를 차지하고 개인은 30%에 그치고 있다.

기부금은 기업 위주의 기부에서 소액다수의 기부로, 일회성 기부에서 정기적 기부로, 비자발적 기부에서 자발적 기부로 다양화되어야 하는 과제를 안고 있다. 소액다수의 정기적, 자발적 기부가 사회공동체에 미치는 영향이 훨씬 크기 때문이다.

기부문화에 가장 중요한 것은 투명하고 효율적으로 관리 운영하는 것이다. 사용처가 불명확하거나 비효율적으로 운영한다면 누가 기부금을 맡기겠는가.

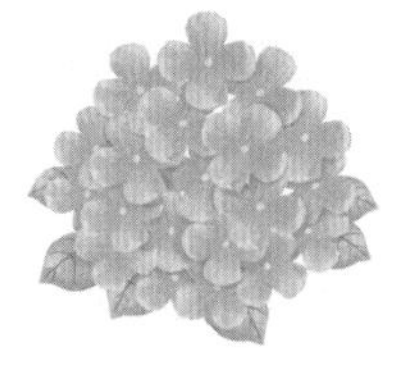

시정홍보 업무를 돌아보면서

나의 공직생활은 시정홍보 업무를 벗어나 생각할 수 없을 만큼 홍보와 밀접한 관계를 맺으며 시작했다. 공직 25년 재직 중 공보실에서 8년간 시정홍보를 전담했고, 몇 개의 부서를 거치면서 3개의 홍보지를 창간했다. 내가 발간한 홍보지 3개 중 2개는 30년이 지난 지금까지 계속 발행되고 있어 뿌듯한 자부심을 느끼고 있다.

부산시보 창간 맡아

76년 7급 공채로 공직에 첫발을 디딘 나에게 부산시보 창간 업무가 맡겨졌다. 박영수 시장 당시 시정 홍보지 부산시보 창간을 앞두고 적임자를 찾던 중 부산일보 기자 생활 5년 경력이 있는 나에게 이 임무가 주어진 것이다. 기자생활을 떠나 공무원으로 새 출발을 하는 나에게 시정홍보 업무는 탐탁지 않은 것이었으나 공직 특성상

어쩔 수 없었다.

창간호 당시 내가 임의로 쓸 수 있는 것은 부산시보 사무실 한 간이 전부였다. 나를 제외한 편집위원은 한 사람도 없었고 자료를 수집할 보조직원도 없어 막막한 느낌을 주었다. 시보는 순보(10일 간격)로 발행(2절지 4면, 3만 부) 하며, 발간 업무에 종사할 편집위원은 별도 보충할 때까지 혼자서 만들어야 한다는 방침이 전달되었다.

나는 자료취합, 기사작성, 편집에 들어가 1면은 부산시장의 창간사, 각계각층의 축사와 바람을 싣고 2면은 주요시정 현안, 3면은 시와 구정 소식, 4면은 문화예술, 생활정보 소식란으로 만들었다. 혼자서 편집국장, 기자 역할을 하면서 국제신문에서 창간호를 인쇄, 1977년 1월 21일 발행했다. 그 후 발간에 따른 행정 업무도 맡으면서 혼자 6개월 발간 후 편집위원이 보충되었다.

당시 부산시보는 전국 관보형(官報形) 신문 중에서 가장 먼저 발행되었으며 이후 시도별, 시군 별로 관보 형태의 신문이 나오기 시작했다. 시보는 시정홍보에 중점을 두어 시민들의 흥미를 유발할 만한 뉴스가 적고, 공공기관을 통해 무료 배부하거나 구독을 원하는 소수의 시민들

부산 먼저 미래로 그린스마트 도시 부산
다이내믹 부산
2021_16호 10월 1일
'천의무봉'의 솜씨
자수' 예술 경지로
국가 중요무형문화재 제80호
대한민국 최고 자수 명인
제26회 부산국제영화제
10월 6~15일

3만부 발행 부산시보가 30만부 '다이내믹 부산'으로 성장했다.

에게 우송하다 보니 저변이 얕은 문제점을 가지고 있었다.

그럼에도 불구하고 창간 이후 42년 간 한 회도 빠짐없이 발행되었고 질적, 양적으로 성장해온 데 대하여 창간호부터 만들어 온 사람으로서 자긍심을 가진다.

제호(題號)도 부산시보에서 '다이내믹 부산'으로 바뀌었고, 당시 순보(2절지 4면) 3만부가, 월(1회, 8절지 타블로이드 판) 30만부로 늘어나 자치단체 최대의 홍보지로 성장했다. '다이내믹 부산'이 태생적 한계를 극복하고 시민들이 꼭 필요로 하는 시정 홍보지, 생활 정보지가 되었으면 하는 바람은 지금도 변함이 없다.

'예술에의 초대' 창간

1990년 부산문화회관의 근무는 나의 문화예술에 대한 안목을 넓혀 주었다. 직무수행 과정의 일환이었지만 많은 음악인들과 접촉할 수 있었고 시립 교향악단, 국악 관현악단, 시립 무용단, 시립 합창단의 정기연주회를 통해 음악에 대한 이해의 폭을 넓힐 수 있었던 것은 나의 인생과 삶을 풍성하게 하는데 큰 도움을 주었다.

부산문화회관 신축 이후 가장 큰 과제는 정기연주회에 참석하는 음악인구의 저변을 확대하는 일이었다. 연주회를 홍보하기 위해 포스터와 TV, 라디오 등 언론매체를 활용하는 한편 정기회원 할인제를 시행하여 관람을 독려해도 참석률은 저조한 편이었다.

체계적 홍보의 필요성을 절감한 나는 당시 홍완식 문화회관장에게 홍보책자의 제작을 건의했으나 필요성은 인정하지만 예산과 전문 인력이 없기 때문에 불가하다는 의견이었다.

부산예술의 길잡이이자 정보지 역할을 하고 있는 '예술에의 초대'

별도 전문 인력이 보충될 때까지 책은 내가 만들겠으니 예산지원을 해달라는 건의가 받아들여져 책자제작에 들어갔다. 2주 정도 야근을 하면서 직원 최영주 양의 도움을 받아 관장의 발간사, 예술단체장의 축사와 모범단원 인터뷰, 공연일정, 문화예술계 소식 등을 담은 사륙 배판(16절지 50p, 월간 1,000부) 창간호를 착수 1개월 만인 1992년 1월 발간했다. 책의 제호는 문정 공연과장이 제시한 안이 그대로 받아들여져 '예술에의 초대'로 결정되었다.

당시 본연의 임무 수행 상 책자업무를 전담할 수 없어 시립무용단원 결원 자리를 활용, 전담 직원을 채용하기로 하고 내가 출제, 채점자가 되어 공개채용시험(기사작성)을 실시한 결과 45대 1의 경쟁을 거쳐 백경옥 양이 선발되었다. 부경대학 학보사 기자를 역임한 백경옥 양은 책자발간 업무를 차질 없이 수행하여 나의 부담을 덜어 주었다.

만약 책자를 혼자서 총괄 제작하지 않고 제작 품의서 작성, 편집위원 선정, 편집회의, 전담직원 채용 등 필요한 절차를 거쳤다면 1년이 지나도 만들 수 없었을 것이다. 전담직원 채용 공고비가 한 푼도 예산에 없다는 윗사람의 우려를 불식하듯 '문화회관 예술지 전담직원 모집' 기사를 언론사를 통해 홍보 의뢰, 예산을 절감했다.

이때 벼락치기로 홍보지를 만들지 않았다면 '예술에의 초대'는 탄생하지 못했을 것이다. 나는 1년 정도 발간업무에 관여하다 다른 부서로 발령이 나 문화회관을 떠났다.

2019년 어느 날 해운대 좌1동 우체국에 들렀다가 민원실 대기 장소에 꽂혀있는 책들 중 눈에 익은 제목에 눈이 갔다. 내가 창간한 '예술에의 초대'였다. 첫 면부터 마지막 면까지 찬찬히 살펴보고, 담당자에게 알아보니 창간 후 27년 동안 한 회도 빠짐없이 꾸준히 발간(현재 5,000부)되고 있다는 소식을 들었다. 감회가 새로웠다.

'예술에의 초대'가 문화예술 정보지의 역할을 수행하면서 부산예술의 길잡이가 된 것을 자랑스럽게 생각한다.

'사랑의 나루터' 발간

요즘은 복지시대다. 행정은 복지로 시작하여 복지로 끝난다는 말이 틀린 말은 아니다. 복지예산이 전체예산의 35%에 달해도 모자라기는 마찬가지다. 구 단위의 사회복지는 주민복지센터를 통해 실현된다. 나는 수영구에서 공직생활을 마감했고 이곳에서 사회복지 업무를 총괄한 때가 있었다. 비교적 잘사는 사람들이 많다는 이곳에도 병들고 소외된 계층의 사람들이 도움을 요청하고 있었다.

부모를 잃고 고아가 된 소년소녀 가장, 교통사고로 불구가 되어 재생을 위해 몸부림치는 장애인, 4식구가 모두 질병에 걸리자 어렵게 생계를 꾸려가는 노인, 두 자녀를 키우고 있는 지체장애 이혼녀,

하반신이 마비된 후 혼자 사는 할머니, 고령으로 생계가 막연한 독거 시각장애인 등 사회복지전문요원들이 보내온 어렵고 딱한 사연들은 차고 넘쳤다.

나는 이들의 사연을 3편으로 나누어 한 권의 책자(232p)에 담았다. 제1편 '어려운 이웃소개'에서는 각 동별로 발굴된 어려운 이웃 91건을 소개하였고, 제2편 '사회복지활동사례'에서는 전문복지요원들의 복지활동 16건을, 제3편 '자활성공사례'에서는 역경을 딛고 일어선 사람들의 수기 7건을 게재했다.

결연을 알선하고 온정을 나누는 가교역할을 한 '사랑의 나루터'

당시 주민복지센터와 공공기관, 자선단체 등을 통해 배부된 이 책자는 불우한 사람들에게 용기를 북돋아 주고 자활의 의지를 심어주었다는 평을 받으면서 큰 반향을 불러 일으켰다. 아울러 어려운 이웃에게 결연을 알선하고, 온정을 나누는 사랑의 가교역할을 하여 나의 공직생활에 큰 보람을 안겨 주었다.

삶과 그리움을 황혼에 담다

다른 사람이 나의 글을 객관적으로 평가해 주어야 올바른 평론이라 할 수 있을 것이다. 이 글은 자작 수필을 스스로 되돌아본 것으로 객관적인 평론과는 거리가 있다. '나의 수필 노트'라는 제목도 여기에 연유한다. 내 수필의 의미를 나름대로 해석해 본 것이다.

나는 글을 쓸 때 세 가지 기준을 두고 있다. 첫째 간결성이다. 중언부언(重言復言)하는 문장을 싫어한다. 말이 늘어지면 산만해지고 지루한 글이 되기 때문이다. 미사여구가 많은 글을 칭찬하는 사람도 있으나 과함은 부족함보다 못하다는 지론을 가지고 있다.

둘째 스토리가 있는 글을 쓰기 위해 주제와 소재는 가급적 미리 구성하고, 서론과 결론은 그 글의 목적과 내용을 짧게 함축적으로 표현한다.

셋째 수필의 길이는 짧은 것이 좋다고 생각한다. 알맹이 없는 긴 수필은 읽는 사람을 피곤하게 만들 뿐이다.

나의 글은 주로 체험수필이다. 일상생활의 체험을 토대로 삶의 철학을 담아내는 전통적인 수필이다. 사물과의 교감을 통해 인생을 성찰할 수 있는 사물수필은 이번에도 많이 담지 못했다. 사고력이 아직 부족하기 때문이다. 더욱 정진하여 사물수필의 비중을 늘릴 생각이다.

퇴직 후 일상생활의 무료함을 글로 달래다 틈틈이 써 온 글을 모아 제2수필집 '철쭉꽃 피면'을 발간하게 되었다.

5장으로 나누어 제1장은 고향과 가족, 제2장은 삶과 죽음, 제3, 4장은 생활주변의 이야기, 제5장은 시사성을 주제로, 각 장에 10편씩 모두 50편의 수필을 수록했다.

〈제1장〉 지난 세월을 반추하면서

가장 앞에 나오는 수필 〈황혼의 여정〉은 나의 자화상이다. 후회와 연민을 담고 살아가는 황혼의 여정을 담았다. 소명을 다하고 흙으로 돌아가는 낙엽이 황혼의 여정과 흡사하다는 생각이 들어 적은 글이다.

이어지는 수필 **〈흙〉**에서는 수구지심(首丘之心)의 마음으로 고향에 대한 그리움을 적었다.

반겨 주는 사람 없는 낯선 고향마을 어귀에서 서성거렸다. 겨울이면 어김없이 찾아오는 갈까마귀 떼는 보이지 않고, 친구들과 자주 놀았던 포구나무 숲도 사라졌다. 마을 집들을 둘러보니 텅 비어있다. 간혹 집안에 있는 늙은이가 낯선 방문객을 의아한 듯 쳐다본다.

— 〈흙〉에서

나는 농촌에서 태어나 흙과 더불어 유년, 청소년 시절을 보내고 학업, 입대 이후 고향을 자주 찾지 못했다. 늘그막에 다시 찾은 고향은 예전의 고향이 아니었다. 흙에서 나오는 소출로는 가난을 면할 수 없어 젊은이는 모두 고향을 떠나고 농사를 천직으로 알았던 사람들은 이제 전설속의 인물이 되었다. 흙과 더불어 살아온 그때 그 시절은 그리움만 남겼다.

50~60년대 어려웠던 시기에 어머니는 새벽부터 논밭에 나가 일을 하면서 생계를 도맡았다. 햇보리가 영글기 전, 뒷산 뻐꾸기 울음이 짙어가는 5월에 접어들면 어김없이 다가오는 보릿고개, 그 피할 수 없는 어려운 시기에 나는 청운의 꿈을 안고 고향을 떠났다. 타향을 맴돈 지 60년. 내 머리에 하얀 서리가 앉았고 어머니가 안 계신 고향은 이제 낯선 타향이 되어 버렸다.

— 〈철쭉꽃 피면〉에서

〈철쭉꽃 피면〉은 베란다의 철쭉과 어머니의 고달픈 삶을 연상하며 적은 글이다. 20여 년을 동고동락해 온 베란다의 철쭉이 생기를 찾지 못하더니 결국 마르고 말았다. 어머니가 가시듯 생을 다한 것이다. 어머니는 천생 농부였다. 농촌으로 시집 온 이후 흙과 더불어 평생을 살다 흙으로 돌아갔다. 불효한 자식으로서 회한이 남는다.

어머니가 별세하시기 전 “지나고 보니 한바탕 꿈을 꾼 것 같다”고 나에게 한 말의 의미를 생각하면서 인생무상을 되새겨 본 글이다.

> “손자 몫이니 넘보지 말고 조금 있다 돼지고기 먹어요.” 별식은 손자 차지다.
>
> 간혹 한우 구이를 할 때 마누라는 끼어들까 봐 못을 박는다. 영감은 아예 흑싸리 쭉지 취급이다. 과일도 천혜향, 레드향 같은 비싼 과일은 손자 몫이고 값이 싼 밀감은 우리 차지다. 그래도 손자가 맛있게 먹는 것을 보면서 함께 즐거워한다.
>
> — 〈사랑해 손자〉에서

〈사랑해 손자〉는 손자를 집으로 데려와 함께 생활하는 과정을 적었다. 장보러 가면 손자가 좋아하는 찬거리에 먼저 손이 갔고, 과일도 손자가 좋아하는 것부터 구입했다.

어릴 때 어머니는 간혹 다른 형제가 볼세라 막내인 나를 광으로 데리고 가 곶감이나 홍시를 몰래 꺼내 주곤 했다. 그때는 어머니의 막내 사랑을 알지 못했으나 손자를 보살피면서 알게 된 내리사랑의 의미를 적었다.

손자에 관한 글은 위 글과 〈산타의 전설〉 〈아기 울음소리〉 〈할아버지와 손자〉 등 4편이다. 아기는 세상을 어떤 모습으로 볼까? 아기의 눈에 비쳐지는 세상처럼 순수해지면 불신과 반목, 탐욕과 부정, 갈등과 원망이 없는 평화롭고 살기 좋은 세상이 되지 않을까? 손자와 만나면서 순박하고 맑은 동심을 수필에 담고 싶었다.

〈제2장〉 삶과 죽음, 번뇌를 논하다

삶과 죽음 그리고 번뇌는 인간이 추구하는 궁극적 과제이다. 명확한 해석과 답이 나오는 실체가 아니라 초월적 의미를 담고 있다. 본질에 따라 해석을 달리하기 때문에 그 의미도 각기 다르다.

나는 이 과제에 대해 깊은 연구를 한 적이 없지만 수필이라는 이름으로 이 문제에 대한 접근을 시도했다.

> 삶과 죽음은 이승과 저승의 관계가 아니고 안과 밖처럼 가까운 관계이다. 죽음을 연구하는 사람들은 죽음을 수용할 수 있는 사람이라야 진정한 삶의 의미를 이해할 수 있는 사람이라고 말한다.
>
> 죽음이 있다는 것은 우리의 삶이 영속적이 아니라 한시적이라는 것을 의미한다. 이것은 삶이 가치 있고 감사한 일이라는 것을 깨우쳐 준다. 유한한 삶을 살고 있는 우리는 삶을 가치 있고 의미 있게 바꾸어 나가야 할 책임이 있다.
>
> — 〈남은 생을 생각하며〉에서

〈남은 생을 생각하며〉는 살기 위한 욕구 충족의 삶을 살아온 내 반생에 대한 회한과 자성의 글이다. 행복은 신기루가 아니다. 사람들은 너무 먼 곳에서 행복을 찾는다. 노년에 '산새들의 합창과 계곡 물소리에서' '구절초가 피어있는 오솔길을 걸으면서' '유치원 길목에서 나를 보고 뛰어오는 손자를 안으면서' 먼 곳이 아닌 가까운 곳에서 삶의 의미를 찾았다는 내용이다.

프리드리히 니체(1844~1900)는 '신은 죽었다'고 선언하면서 인간은 신에 종속하여 얽매인 삶을 영위해 왔으나 신의 죽음은 인간을 자유롭게 하고 인간의 가치 기준을 자유롭게 결정하게 했다고 말한다.

모든 존재는 생성과 소멸로 이어진다. 그러나 인간에게는 영혼이 있기 때문에 다른 생명체의 죽음과 다르며 육신이 사라져도 영혼은 남아 새로운 삶을 영위할 수 있다는 것이 종교계의 주장이다.

— 〈영혼이 육신과 이별할 때〉에서

〈영혼이 육신과 이별할 때〉를 죽음이라고 한다. 영혼의 존재를 두고 끊임없는 논쟁이 계속되고 있다. 무신론자들은 영혼은 없다고 하는 반면 유신론자들은 영혼의 존재를 믿고 있다.

유신론자들은 "우주는 어떻게 만들어졌는가? 인간은 어디에서 왔는가?"라는 질문에 대하여 여전히 "태초에 하느님께서 천지만물을 창조했다"는 성서에 답이 있다면서 진화론을 인정하지 않았다.

하느님의 가르침이 담겨있는 성서를 과학으로 설명할 수는 없다. 영혼의 존재도 마찬가지다. 영혼이 육체와 이별한 후의 문제는 과학이 아니라 신의 영역이라는 설명으로 결론을 맺었다.

잠을 이루지 못할 때는 번뇌가 꼬리를 문다. 살아온 과거에 대한 후회, 앞으로 살아갈 일, 질병과 죽음, 사랑하는 사람들과의 이별에 이르기까지 온갖 생각이 나를 괴롭힌다.

"사는 게 뭐 별거 있더냐. 욕 안 먹고 살면 되지." 유행가 가사처럼 낙천적으로 살려고 해도 쉬운 일이 아니다. 번뇌의 주범은 탐(貪,탐내는 마음) 진(瞋,화내는 마음) 치(癡,어리석은 마음)다. 이것이 세상의 모든 근심 걱정 괴로움을 불러일으킨다.

— 〈번뇌, 그 끝은〉에서

〈번뇌, 그 끝은〉에서는 인간의 고뇌를 그렸다. 번뇌가 소멸된 상태를 열반이라고 한다. 열반에 도달하면 깨달음을 얻어 생사고해에서 벗어난다. 열반은 탐욕과 괴로움, 근심을 초월한 단계이기 때문에 번뇌가 있을 수 없다. 번뇌의 끝은 죽음이라고 말한다. 죽음에 도달하기까지 사람들은 번뇌를 안고 살아간다.

"번뇌는 근심 걱정 고통을 주지만 인간을 성숙하게 만들 수 있으므로 번뇌와 싸우지 말고 다스려 나가야 한다"는 결론을 도출했다.

〈제3장, 제4장〉 평범한 삶 속에서 찾은 비범한 이치

수필은 자신의 체험을 느낌으로 승화하여 삶에 의미를 부여하는 행위다. 평범한 삶 속에서 비범한 체험을 하기는 어렵다. 그러나 평범한 삶 속에서도 비범한 이치는 찾을 수 있다고 생각한다. 제3, 4장은 이러한 관점에서 시도한 글들이다.

제3장 〈천원의 가치〉는 일상생활에서 하찮게 취급당하는 천원의 가치를 새긴 내용이다. 천원은 코흘리개 손자에게 세뱃돈 주기에도 체면이 안 서고 버스 한 번 타기에도 모자라는 돈이다. 그러나 천 원 김밥, 천 원 자장면에 천 원 택시까지 운행되고 있어 결코 허투루 여길 돈은 아니다. 정책 입안자들이 천원의 소중함을 느끼면서 정책을 입안했더라면 서민들의 삶이 더 나아졌을 것이라는 바람을 적었다.

〈제비를 기다리며〉에서는 농촌에서 친근했던 제비를 대도시에서 볼 수 없는 안타까운 심정을 나타냈다.

제비의 개체수가 줄어든 것은 사람들이 스스로 만든 인위적인 재해 때문이라고 분석하고 제비가 서식하지 못하는 환경은 언젠가 인간에게 재앙이 될 것이라고 걱정하는 내용이다.

제4장 〈어떤 이별〉은 15년 간 주인을 위해 봉사해 온 자가용과 주인과의 이별을 의인화(擬人化)한 글이다.

아끼고 사랑해 주었던 주인이 어느 날 나의 온 몸을 깨끗이 씻고 닦은 후 "새 주인 만나 부디 잘 살아라"며 이별을 통보했다. 나는 주인과 헤어질 때가 왔음을 알고 "당신과 함께 한 지난날들은 아름다운 추억으로 간직하겠다"면서 어쩔 수 없이 이별을 받아들였다. 이 수필은 쉽게 만나 쉽게 헤어지는 현 세태에 대한 풍자적 의미를 담았다.

〈**들국화여!**〉는 들국화 사랑을 노래한 글이다. "목련처럼 탐스럽지 않고 장미나 백합처럼 화려하지 않아도 순수하고 청초한 가을꽃이 들국화"라고 말하고, "척박한 땅에 뿌리를 내려 북풍한설과 눈보라에도 살아남아 이듬해 꽃을 피우는 들국화의 강인한 삶"을 칭송했다.

〈제5장〉 허공을 향해 테스 형을 부르다

시사(時事)는 현안문제다. 개인의 일상생활뿐 아니라 정치, 경제, 사회 등 시사문제도 수필의 주제가 될 수 있다는 생각이 들어 10편을 적었다. 자칫 딱딱하기 쉽지만 스토리가 있고 흥미 있는 수필이 될 수 있도록 최선을 다했다.

> 정국이 혼란스럽고 경제가 어려워지면 생각나는 그때 그 사람. 박정희 전 대통령이다. 호사가들은 그의 업적에 대하여 대통령으로서 누구나 할 수 있는 일이었고, 오히려 독재정권을 세워 민주주의를 퇴보시킨 장본인이라고 그를 폄하한다.
>
> 당시 장면 내각 아래에서 정국은 좌우로 갈라져 이념논쟁으로 날을 세웠고, 민생은 도탄에 빠져 미국의 원조에 의해 연명하고 있는 절망적인 상태였다.
>
> — 〈그때 그 사람〉에서

콘서트에서 부른 가황의 노래 한 소절을 두고 뒷말이 많습니다. 야당은 정부의 실정을 비판한 노래라고 하는 반면 여당에서는 힘들게 살고 있는 국민들에게 힘을 실어주기 위한 노래라고 합니다.

그의 노랫말대로 세상살이가 점점 더 어려워지고 있습니다. 경기침체에 코로나19까지 겹쳐 출구가 보이지 않습니다. 오늘 하루가 암담하고, 그래도 찾아오는 내일이 두렵다고 하소연하는 사람들이 많습니다.

— 〈아, 테스 형!〉에서

〈그때 그 사람〉은 박정희 전 대통령의 치적에 대해 적은 글이다. 그는 60년 대 좌우 이념으로 갈라져 혼란하던 시기에 5·16 군사혁명으로 집권한 이후 세 차례의 경제개발계획을 성공적으로 수행하면서 한강의 기적을 이룩했다.

세상이 뒤바뀌어 그는 쿠데타로 나라를 빼앗은 독재자가 되었고 그의 치적은 사라져 버려 이를 안타깝게 생각해 적은 글이다.

〈아, 테스 형!〉은 가황 나훈아가 형으로 부른 철학자 소크라테스의 입을 빌려 오늘날의 어려움을 호소한 수필이다. 청년 실업과 자영업자들의 어려움, 집값 폭등과 전세대란, 정치가들의 내로남불을 지적하면서 답답한 마음에 허공을 향해 테스 형을 불러 보았다.

제비꽃이 필 때쯤이나 샛노란 들국화가 수줍게 웃는 날 우리 삶이 나아지기를 희망하면서 그때까지 어려움을 참고 견디겠다는 소망을 담았다.

2020년은 '미스터 트롯' 열풍으로 전국이 몸살을 앓았다. 연예프로 시청률은 10%만 되어도 성공이라는데 우승자를 뽑는 '미스터 트롯' 결승 전 시청률은 35.7%에 달했다. 시청자들은 무명가수들의 가슴 아픈 사연을 들으면서 함께 울었고 출연자들의 일사불란한 공연을 보면서 함께 웃었다.

— 〈미스터 트롯 열풍〉에서

〈미스터 트롯 열풍〉은 2020년 이후 전국을 휩쓸고 있는 트롯 열풍을 분석했다. 15,000명의 '미스터 트롯' 지원자 중 7명의 결승 진출자를 가려내는 과정과 코로나19로 답답한 국민들의 마음에 위안을 준 이들의 활약상을 적었다.

삼성 SDI는 이들의 성공비결을 "숨은 인재의 발굴, 변화의 추구, 창조적 활동, 실패경험의 활용"으로 분석한 후 이를 경영에 접목하고 있다. 어찌 기업에만 한정할 것인가. 이들의 성공비결은 국가경영에도 적용이 가능할 것으로 보인다.

나는 이 책의 서두에서 글쓰기를 농작물의 수확에 비유했다.

"농부가 땀 흘리며 농작물을 가꾸는 심정으로 한 편, 두 편 써 온 글을 모아 제2 수필집을 내었다. 1집 이후 6년 만이다. 흩어져 있던 수필을 한 곳에 모으고 보니 비바람 맞으며 들판 이곳저곳 무질서하게 쌓아 둔 곡식을 수확하여 집의 곳간으로 옮긴 것 같아 개운하고 보람을 느낀다."

글을 쓸 때마다 더 나은 작품을 만들겠다며 최선을 다하지만 항상 부족함을 느낀다. 주마간산 식으로 게재 수필에 대한 자평을 하면서 '나의 수필 노트'를 끝맺는다.

문학세계대표작가선 962

철쭉꽃 피면

김준식 제2수필집

인쇄 1판 1쇄 2022년 3월 10일
발행 1판 1쇄 2022년 3월 17일

지 은 이 : 김준식
펴 낸 이 : 김천우
펴 낸 곳 : 도서출판 천우
등   록 : 1992. 2. 15. 제1-1307호
주   소 : 서울시 성동구 무학봉28길 6 금용빌딩 2F
전   화 : 02)2298-7661
팩   스 : 02)2298-7665
http://moonhak.wla.or.kr
E-mail : chunwo@hanmail.net

값 15,000원

ISBN 978-89-7954-863-1